THE HIGHLY ENGAGED CLASSROOM

高度参与的课堂

提高学生专注力的沉浸式教学

THE CLASSROOM STRATEGIES SERIES

[美] 罗伯特·J.马扎诺（Robert J. Marzano）
黛布拉·皮克林（Debra Pickering）
塔米·赫夫尔鲍尔（Tammy Heflebower） 著

美国教育界专家、马扎诺研究中心创始人倾情力作

中国青年出版社
CHINA YOUTH PRESS

图书在版编目（CIP）数据

高度参与的课堂：提高学生专注力的沉浸式教学 /（美）罗伯特·J.马扎诺，
（美）黛布拉·皮克林，（美）塔米·赫夫尔鲍尔著；白洁译.
— 北京：中国青年出版社，2019.10
书名原文：The Highly Engaged Classroom: The Classroom Strategies Series
ISBN 978-7-5153-5752-2

Ⅰ.①高… Ⅱ.①罗… ②黛… ③塔… ④白… Ⅲ.①课堂教学—教学法 Ⅳ.①G424.21

中国版本图书馆CIP数据核字（2019）第186062号

The Highly Engaged Classroom: The Classroom Strategies Series by Robert J. Marzano,
Debra Pickering, Tammy Heflebower.
Copyright © 2011 by Marzano Research.
Simplified Chinese translation copyright © 2019 by China Youth Press.
All Rights Reserved.

高度参与的课堂：提高学生专注力的沉浸式教学

作　　者：[美]罗伯特·J.马扎诺　黛布拉·皮克林　塔米·赫夫尔鲍尔
译　　者：白　洁
责任编辑：肖妩嫔
文字编辑：周楠楠
美术编辑：靳　然
出　　版：中国青年出版社
发　　行：北京中青文文化传媒有限公司
电　　话：010-65511272/65516873
公司网址：www.cyb.com.cn
购书网址：zqwts.tmall.com
印　　刷：大厂回族自治县益利印刷有限公司
版　　次：2019年10月第1版
印　　次：2024年11月第15次印刷
开　　本：787mm×1092mm　1/16
字　　数：182千字
印　　张：15.5
京权图字：01-2018-9156
书　　号：ISBN 978-7-5153-5752-2
定　　价：39.90元

版权声明

未经出版人事先书面许可，对本出版物的任何部分不得以任何方式或途径复制或传播，包括但不限于复印、录制、录音，或通过任何数据库、在线信息、数字化产品或可检索的系统。

中青版图书，版权所有，盗版必究

THE HIGHLY
Engaged Classroom

目 录
contents

引　言　让学生高度参与成为一种课堂常态　/005

第一章　如何让学生高度参与课堂　/007
　　　　我感觉如何：唤醒学生情绪　/009
　　　　我感兴趣吗：提高学生兴趣　/014
　　　　这重要吗：帮助学生感知事物重要性　/023
　　　　我能做到吗：引导学生提升自我效能感　/028
　　　　专注力和参与度研究模型　/033
　　　　建立在研究理论基础上的课堂实践　/035

第二章　我感觉如何　/037
　　　　保持课堂节奏的平衡　/039
　　　　带领学生将身体运动融入课堂　/043
　　　　展现对所教授内容的专注和热情　/052
　　　　营造恰如其分的幽默课堂氛围　/054
　　　　与学生建立积极的师生关系　/061
　　　　自我评估测试　/074

第三章　我感兴趣吗　/ 079

利用游戏激发学生的情境兴趣　/ 080

发起友好的争论，帮助学生深入课堂　/ 083

提供让学生备感意外的有趣课外信息　/ 090

采用回应率更高的方式进行提问　/ 097

自我评估测试　/ 109

第四章　这重要吗　/ 113

将课堂内容与学生的生活相联系　/ 115

将所学知识与学生的人生抱负相联系　/ 122

鼓励学生应用所学知识解决复杂任务　/ 131

自我评估测试　/ 148

第五章　我能做到吗　/ 151

助力学生追踪与研究学习进度　/ 152

给予行之有效的口头反馈　/ 160

引用体现自我效能感的范例　/ 166

教导学生有关自我效能感的知识　/ 180

自我评估测试　/ 187

第六章　为高度参与的课堂做准备　/ 189

日常策略　/ 191

机会策略　/ 194

扩展策略　/ 202

引 言
让学生高度参与成为一种课堂常态

本书的目的是,为教师以及学校管理者提供深入的可用于课堂的研究性教学策略,以提高学生的成绩。其中的许多策略已在其他著作中有所体现,如《教学的艺术与科学》(The Art and Science of Teaching)、《有效的课堂管理》(Classroom Management That Works)和《有效的课堂教学》(Classroom Instruction That Works)。但这些著作只是用了一章或一小节来研究特定的策略,本书整体都在研究教学策略或相关的策略。

学生在课堂上的参与度显然是高效教学的核心方面之一。如果学生不积极参与,他们就几乎没有机会学到课堂上的知识。本书的一个基本前提是,学生的参与是教师精心计划和实施具体策略的结果。换句话说,学生参与并不是偶然的。当然,没有哪位老师能让所有的学生都一直处于高度的兴奋状态,然而,利用本书中提出的建议,每位教师都可以创造一个课堂环境,在这个环境中,学生参与变成了一种课堂常态。

我们将从一个简短但包含很多内容的章节开启本书,这一章回顾了关于参与的研究和理论。虽然你也可以跳过这一章,直接进入那些为课堂实践提供建议的章节，但我还是强烈建议你回顾一下这些研究和理论，因为它们是整本书的基础。事实上，高度参与的课堂和课堂策略系列课程的一个基本目的是，在现有最前沿的研究和理论基础之上，提出最有用的教学策略。

研究和理论只能为课堂实践提供一个大致的方向，而本书更进一步，将研究转化为课堂应用。具体来说，它解决了关乎学生的四个象征性问题，这些问题的答案决定了学生在课堂活动中的参与度。

第一个问题"我感觉如何"，探讨学生的学习情绪。第二个问题"我感兴趣吗"，研究学生对课堂活动的感兴趣程度。前两个问题合在一起，定义了我们所说的专注力。专注力是一种短期现象，持续时间从几秒钟到几分钟不等。象征性的问题三和问题四是关于参与的，参与是一种更长期的现象，超出了单一课程的范围。第三个问题"这重要吗"，探讨学生如何将课堂目标与个人目标联系起来。第四个问题"我能做到吗"，研究学生拥有或培养自我效能感的程度。针对这四个具有象征意义的问题，我们将在第二章到第五章中给出具体的课堂策略。

如何使用本书

本书完全可用来自学，能帮助教师深入理解如何提高学生的专注力和参与度。你在阅读中会遇到一些练习，完成这些练习，然后将你的答案与附录里面的答案进行比较。这么做是很重要的，可以帮助你对内容进行回顾，并让你检查自己对本书内容的理解程度。

第 1 章

如何让学生
高度参与课堂

长期以来，学生在课堂上的参与度一直被认为是高效教育的核心。

在《让学校参与》（*Engaging Schools*）一书中，美国国家科学研究委员会（National Research Council's Committee）就提道："动机和参与度研究对理解学校改革中一些最基本和最棘手的挑战是至关重要的。"

尽管参与度对教学有着显而易见的重要性，但它并不是一个容易定义的概念。正如艾伦·斯金纳（Ellen Skinner）、托马斯·金德曼（Thomas Kindermann）、詹姆斯·康奈尔（James Connell）和詹姆斯·韦伯恩（James Wellborn）所说，"当然，对参与度并没有单一正确的定义"。他们注意到，各种各样的理念在意义上似乎是重叠的，特别是动机、参与、专注、兴趣、努力、热情、参加和加入。因为我们的受众是课堂教师，而不是研究人员和理论家，所以我们不会试图调和研究人员和理论家们在理念上的差异。相反，我们会尝试阐明一个内部一致的关于参与度的观点——课堂教师可以用它来计划、执行具体的策略，以提高学生的参与度。下面，我们首先来研究构成专注力和参与度模型的四个问题。

我感觉如何：唤醒学生情绪

每当遇到一种新情况时，情感都会影响人类的行为。从某种意义上说，情感问题其实就是在问"我感觉如何"。如果我们的情绪在那一刻是消极的，我们就不太可能从事新的活动和具有挑战性的任务。斯金纳等人将以下情绪与高度参与联系起来：

- 热情
- 兴趣
- 享受
- 满足
- 骄傲
- 活力
- 兴奋

此外，他们还将以下情绪与缺乏参与或"不满"联系起来：

- 无聊
- 不感兴趣
- 沮丧
- 愤怒
- 悲伤
- 担忧和焦虑
- 蒙羞
- 自责

的确，第一组情绪可以被认为是高度参与的结果——当学生投入时，他们往往会体验到热情、享受，等等。不过，教师也可以把这些情绪看作促使学生高度参与的条件——当学生感到热情或兴奋时，他们更倾向于参与新的行为和任务。

雷恩哈德·皮克伦（Reinhard Pekrun）在对动机研究的回顾中解释说，情绪影响着人类的各种行为，其中之一就是参与。的确，加里·拉德（Gary Ladd）、莎拉·赫拉德·德布罗恩（Sarah Herald Dbrown）和凯伦·科克尔（Karen Kochel）认为情感参与是多种参与类型之一（其他包括认知参与和行为参与）。课堂肯定会影响情感参与的许多方面。这里我们来思考三个方面:（1）学生的精力水平;（2）教师的积极态度;（3）学生的接受度。

学生的精力水平

影响学生如何回答"我感觉如何"这个问题的一个主要因素是课堂活动水平。课堂活动会影响学生的精力，或者一些心理学家所说的"唤醒"（arousal）水平。伊丽莎白·斯泰尔斯（Elizabeth Styles）对唤醒理论的解释如下：

任何提高课堂活动水平的课堂任务，都有助于提高学生的精力水平。保持活跃的节奏可以帮助学生保持精力充沛。埃德蒙·埃默（Edmund Emmer）和玛丽·克莱尔·格威尔斯（Mary Claire Gerwels）解释说："教师需要保持活动的进行，并通过良好的节奏来避免活动流程的中断。"从一项活动转换到另一项活动时，节奏是关键。组织不当的转换会浪费时间，造成课堂活动的停顿，使学生很难保持专注。老师在课堂上练习过的有效转换，能让学生对简短的信号作出快速反应。

另一个与精力水平有关的课堂因素是，教室内发生的身体运动的数量和类型。埃里克·詹森（Eric Jensen）引用了一些研究，这些研究将身体活动与增强参与度联系起来。詹森从氧气的角度解释了这种联系："氧气对大脑功能至关重要，而血液流动的增加会增加输送到大脑的氧气量。体育活动是一种可靠的增加血液流动的方式，因此也会增加氧气的输送量。"詹森还指出："令人惊讶的是，大脑中处理运动的部分与处理学习的部分是相同的。"

支持詹森观点的事实是，有规律的体育锻炼与改善认知功能有关。身体活动似乎对执行功能有特别有益的影响。根据萨宾·库贝施（Sabine Kubesch）等人的研究，执行功能影响多种认知过程，如计划、决策、识别和纠正错误。体育锻炼与学生的参与度有关，有证明显示，它能够提高学生参加课堂活动的能力，即使是在学生分心的时候。具体来说，针对13岁和14岁的学生，萨宾·库贝施等人进行了一项30分钟锻炼计划的效果研究，他们发表了如下研究结果："在我们的研究中，我们发现，在分心情况下，30分钟的体育项目可以提高学生完成任务的专注力。反过来说，这有可能支持学生的选择性、持续性和集中专注力的过程。"

教师的积极态度

教师的积极态度是影响情感投入的第二大因素，也是最普遍的因素。教师可以通过多种方式传达积极的态度，其中之一就是展示热情和专注。这两者都与学生的参与度和成就有关。巴拉克·罗森希（Barack Rosenshine）认为，教师的热情有助于学生取得成就，"因为生动的行为激发了学生的参与行为"。其他研究也支持这一观点。托马斯·古德

（Thomas Good）和杰瑞·布罗菲（Jere Brophy）用以下方式描述了专注和热情：

一场热情的演讲从直接陈述信息的重要性开始（"我将向你们展示如何求分数的倒数。现在请密切关注，并确保你们理解这些过程"）。然后，通过使用语言和非语言的公开演讲技巧来呈现信息本身。这些技巧要能传达强烈的情绪，并暗含热情——用缓慢的、循序渐进的语气强调关键词；用不寻常的声音调节或夸张的手势，将专注力集中在关键术语或程序步骤上；在每一步讲解之后对小组成员进行密集的视线扫描，以追踪成员理解或困惑的迹象（并允许任何有问题的人立即提问）。除此以外，还应注意老师的讲话语气和态度都要向学生传达一个信息，那就是所讲的内容很重要，学生应该全神贯注，并对他们不理解的内容提出问题。

布罗菲强调，教师应保持经常性的热情和有选择的专注。他对热情的看法是：

学生可以从老师那里得到提示，明白如何应对学校活动。如果你满怀热情地提出一个主题或任务，你的学生可能会采取同样的态度，表现出热情并不意味着鼓舞人心的讲话或虚假的戏剧表演。如果你对这些技巧感到满意，你可以使用戏剧性的或强有力的推销技巧，但如果不满意，低调却真诚地陈述你对某个话题或活动的重视，也同样有效。

布罗菲解释说，专注是通过时间、语言和非语言，以及手势来传达的。这些手势告诉学生，材料很重要，值得密切关注。通常，专注首先通过这样的语句表示："我将向你们展示如何应用平衡方程。这很重要，我需要你们密切关注。"布罗菲警告说："选择使用这种紧张的沟通风格一定要谨慎。你不可能一直这么紧张，即使你能做到，你的学生也能适应它，它也会失去很多效力。"

老师的积极态度也可以通过幽默来传达。彼得·乔纳斯（Peter Jonas）在《笑与学》（*Laughing and Learning*）一书中，总结了幽默与学生成绩、参与度之间的关系。他指出，"用幽默来改善课堂教学，不但得到了研究的支持，而且已被证明是成功的"。乔纳斯发现在课堂上营造恰如其分的幽默课堂氛围的积极作用包括：

- 幽默可以使教学效率提高40%；
- 幽默可以改变一个教室的文化；
- 幽默可以提高工作效率；
- 幽默能减轻学生的压力；
- 幽默能促进创造性思维的发展。

学生的接受度

学生的接受度是他们如何看待自己和课堂环境的第三个决定因素。换句话说，如果学生感觉他们在课堂上不受欢迎、不被接受或不被支持，他们就不太可能参与课堂活动。当然，教师与学生之间的关系决定了学生如何回答"我感觉如何"。卡罗尔·古德诺（Carol Goodenow）发现，在六到八年级的学生中，老师的支持始终是最能预测学生学习动机的因素。凯瑟琳·温特泽尔（Kathryn Wentzel）用以下方式解释了教师与学生关系的重要性：

安全的人际关系可以培养孩子对环境的好奇心和探索力、积极的应对技巧，以及对自己值得爱和他人值得信任的心理表征。相反，不安全的依恋会导致他们小心翼翼或做出不恰当的冒险行为、在新环境中难以调节压力，并形成消极的自我概念。

加里·拉德等人认为，同伴关系与师生关系同样重要。

当同龄人不喜欢他们群体中的人时，他们倾向于以拒绝的方式对待这些孩子（例如，忽视或将他们排除在活动之外）。对被拒绝的孩子，甚至更大的同伴群体来说，这些行为都会成为可见的拒绝指标。

有人可能会说，同伴关系对学生的影响，甚至比他们与老师的关系更大。例如，拉德等人的一项研究发现，学生被同伴拒绝的时间越长，他们参与课堂活动的可能性就越小。然而，当学生摆脱了被拒绝的状态后，他们往往会重新投入课堂。他们注意到，最严重的疏离案例发生在整个小学期间不断被同伴拒绝的学生身上。

很明显，学生与老师、同学之间的关系，对他们受到欢迎、感到支持和接受有深远的影响，反过来，这有助于建立一种情感基调，可以促进或阻碍学生的参与。老师可以采取具体的措施，来促进学生接受并支持师生关系和同伴关系，从而增加他们对"我感觉如何"这一象征性问题作出积极回应的可能性。

我感兴趣吗：提高学生兴趣

第二个影响参与度的象征性问题是"我感兴趣吗"。即使一个人在情感上很投入（对"我感觉如何"这个问题的回答是肯定的），他也可能无法投入到一项新的活动中——仅仅因为他不觉得它有趣。

乌尔里希·斯基弗勒（Ulrich Schiefele）总结了很多关于兴趣的研究，并对情境兴趣和个体兴趣进行了区分。根据他的观点，"情境兴趣描述了一种短期的心理状态，包括专注力集中、认知功能增强、坚持、享受或情感参与,以及好奇心"。一个学生特别注意科学老师的演示,因为它似乎违反了万有引力定律,这就是情境兴趣的一个例子。个人兴趣则更多地关乎长期现象,代表一个人对某一特定话题的总体倾向,例如,一个人对曲棍球的兴趣远远超出了特定情况。在本节中,我们将关注情境兴趣。个人兴趣与下一节关于感知重要性的讨论更为密切相关。

苏珊娜·海迪(Suzanne Hidi)、威廉·贝尔德(William Baird)和马修·米切尔(Mathew Mitchell)区分了两种情境兴趣形式。激发性情境兴趣(triggered situational interest)意味着吸引学生的专注力;维持性情境兴趣(maintained situational interest)意味着随着时间的推移保持学生的兴趣。对于想要抓住并保持学生专注力的教师来说,这两种情境兴趣都很重要。那它们是如何起作用的呢?让我们从三种记忆类型之间的交互模型开始说起:感觉记忆、工作记忆和永久记忆(图1)。

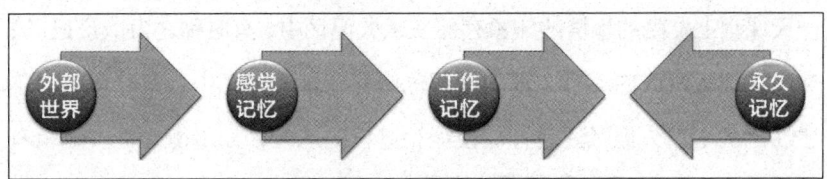

图1 三种记忆类型之间的交互模型

感觉记忆来自感官的临时数据存储。如图1所示,它与外部世界相通。约翰·安德森(John Anderson)用以下方式描述了感觉记忆:

感觉记忆能够或多或少地存储短时间内所遇到的事情的完整记录。在此期间,人们可以注意到元素之间的关系,并将元素编码成更永久的记忆。如果感觉记忆中的信息在衰减前的短时间内没有被编码,它就会丢失。被试者编码的内容取决于他们所关注的内容。通常环境一次提供的信息，比我们能够处理和编码的信息多得多。因此，很多进入我们感官系统的东西并没有被留下永久的记录。

因此，在任何时刻都有无数的刺激冲击着一个人的感官，但不是所有的刺激都受到关注。更具体地说，只有那些达到工作记忆的记忆，才会成为一个人有意识注意的一部分。

顾名思义，工作记忆是主动处理数据的地方。如图1所示，工作记忆可以通过感觉记忆或永久记忆，从外部世界接收数据。即使工作记忆在单一情况下只能保存少量的信息，但对于信息在其中的驻留时间，没有理论上的限制。只要一个人有意识地关注工作记忆中的数据，这些数据就会保持活跃。从这个意义上说，工作记忆是意识的基础。一个人的意识体验，实际上，是他对工作记忆中正在处理的事物的体验。

永久记忆包含所有储存的经验和所有学到的知识。例如，学生对前一天课堂上发生的事情的印象存储在永久记忆中，有时称之为情景记忆；学生对细胞膜或内战等主题的理解也储存在永久记忆中，有时称之为陈述性记忆；永久记忆还是存储技能和过程的地方，如平衡方程、编辑有整体逻辑的作文或打球，这有时被称为生产记忆或程序性记忆。

这三种记忆类型之间的关系，有助于解释激发性情境兴趣和维持性情境兴趣的作用原理。如果信息没有进入工作记忆，就没有机会被处理。由于工作记忆不能在单一情况下保存太多的信息，所以在外部世界和内部世界（永久记忆）之间，存在着一场关于工作记忆存储内容的持续战斗。来自外部世界的信息必须引起兴趣，才能进入工作记忆。然而，仅仅激发兴趣是不够的。如果要对信息进行编码，则必须在整个周期内，或至少部分周期内,将信息保存在工作记忆中。持续占据工作记忆的信息被称为维持性情境兴趣。

上述描述突出了教师在日常生活中所面临的挑战。在课堂上,老师总是努力吸引学生的专注力。如果课堂上发生的事情没有吸引学生的专注力(信息进入,然后占据他们的工作记忆),那么学生将把专注力转移到与课堂无关的永久性记忆中,比如昨晚的篮球赛,或者前一段时间见到的朋友。在这里,我们讨论了激发和维持情境兴趣的四种方法:(1)利用游戏激发学生的情境兴趣;(2)发起友好的争论,帮助学生深入课堂;(3)提供让学生备感意外的有趣课外信息;(4)采用回应率更高的方式进行提问。

利用游戏激发学生的情境兴趣

许多课堂活动都有可能吸引并抓住学生的专注力。游戏类活动有助于激发情境兴趣,并为维持情境兴趣提供基础,因为它们利用了"完形测试预测法"的心理学原理。基本上,"完形测试预测法"认为,人类的大脑会自然地关注那些缺少细节的情况。赫尔曼·艾宾浩斯(Hermann Ebbinghaus)指出,当人们看到不完整的信息时,往往会想办法填补空白。基于这一理论,威尔逊·泰勒(Wilson Taylor)开发了一种测试英语熟练程度的方法——系统地从文本中删除单词,也就是我们平时所说的完形填空。为了说明这一点,考虑一下下面的例句:"玛丽去___游泳,但她发现她忘了她的___。"当你读到这个不完整的句子时,你的脑海中自然会出现"泳池"和"泳衣"等词汇。

不协调理论（Incongruity Theories）

不协调理论也支持游戏类活动产生情境兴趣的效用。正如乔治·罗文斯坦（George Loewenstein）所解释的那样，不协调理论假设，人类有一种"理解世界"的自然倾向。从根本上说，对于任何具有丰富上下文背景的活动，如果学生缺少相关的信息，他们的情境兴趣就会被激发。游戏当然属于这一类。关于游戏和类游戏活动对学生成绩的影响，我们已经进行了一些元分析（见表1-1）。

表1-1 游戏和类游戏活动对学生成绩影响的元分析

	效应量	平均效应量	百分位增益
斯库祖雷克	58	0.33	13
凡斯克尔	42	0.43	17
海斯特德和马扎诺	62	0.46	18

表1-1报告了三个元分析的结果。理解表1-1的关键是清楚元分析（meta-analysis）和效应量（effect size）的概念，附录B对此进行了深入的解释。简单地说，元分析是一种综合同一主题的一系列研究的研究技术。通常，元分析研究以平均效应量（见表1-1中的平均效应量列）来报告其发现。效应量可以告诉你，暴露于某一特定处理效应（在本例中为游戏和类游戏活动）的一组学生的平均分数大于（或小于）未暴露于某一特定处理效应（在本例中为非游戏活动）的一组学生的平均分数。简而言之，效应量告诉你一个处理效应有多强大，分数越大，该处理效应对学生学习的促进作用就越大。

效应量数值通常是很小的数字。然而，较小的效应量数值可以转化为较大的百分位增益。例如，罗纳德·凡斯克尔（Ronald VanSickle）计算的0.43的平均效应量值可以转化为17个百分点。另一种说法是，研究人员预测，如果一个班级没有提供游戏和类游戏活动，那百分位增益数值就为50；如果有游戏或类游戏活动，那么百分位增益数值将上升到67。

表1-1中的第三行数据是通过研究马扎诺研究中心的课堂教师得到的。它与本书的观点密切相关，因为它包含了第三章中提出的许多策略。

无关紧要的竞争

无关紧要的竞争是游戏的一个方面，可以帮助激发和维持情境兴趣。古德和布罗菲解释道：

竞争可以增加课堂活动的兴奋度，无论是为了奖品，还是仅仅为了获胜的满足感。比赛可以是个人的（学生和其他人竞争），也可以是团体的（学生被分成互相竞争的小组）。

顾名思义，无关紧要的竞争并不影响学生的成绩或地位，只是为了好玩。然而，这种类型的竞争可以激发一种温和的压力，虽然压力通常对幸福感有害，但温和的压力却有助于集中专注力。

因此，在玩游戏时，压力应该保持适当的强度和持续时间，以产生积极的参与效益。具体来说，教师应该组织有竞争力的游戏，让学生享受挑战，而不是一定要获胜。竞争可能产生消极的后果，因为它可能会让一些输掉比赛的学生感到沮丧。作为对失败的回应，团队成员可能会将他们认为对团队失败负有责任的个人当成替罪羊。因此，如果教师不断重组团队，让所有学生都有机会经历输赢，那他们就可以避免这种潜在的负面后果。

发起友好的争论，帮助学生深入课堂

争论是另一种激发和保持情境兴趣的方法。大卫·约翰逊（David Johnson）和罗杰·约翰逊（Roger Johnson）解释说，在任何学习情境中，学术冲突都会自然产生，"无论老师做什么，它们都会发生"。但他们也指出，"目前的证据表明，在大多数教室中，冲突是可以避免和制止的"。在他们对研究的回顾中，他们提出了一个强有力的理由，证明可以在课堂上利用冲突来提高学生的成绩，并指出"学生之间的争论可以促进认知和道德推理向更高阶段的过渡"。

古德和布罗菲对争论策略的描述如下："争论策略意味着，对一个问题引出不同的观点，然后邀请学生通过持续的讨论，来解决他们的分歧。"约翰逊解释说，"当一个人的想法、信息、结论或观点与另一个人的不一致时，就会存在争论，他们会寻求达成一致"。他们将其与辩论区分开来，"辩论存在于两个或两个以上的学生中，他们就不相容的立场进行辩论，并根据谁表现得最好，来宣布谁是赢家"。

南希·洛里（Nancy Lowry）和大卫·约翰逊针对课堂上争论的积极影响，进行了一项最常被引用的研究。他们将五年级和六年级的学生随机分配到促进共识或争论的小组。调查假设争论小组将激发学生更多的好奇心。事实上，参与争论组的学生对话题表现出了更多的兴趣，报告了更多关于这个话题的学习时间，并且使用了更多的特殊资源，比如学校图书馆里的资源。也许这项研究中最有趣的发现是，当有机会利用课间休息时间观看关于这个话题的可选电影时,争论小组有45%的成员参加了,而共识小组只有18%的成员参加。

在后来的一项研究中,大卫·约翰逊研究了在特定话题下三种争论方法的效果。第一组五年级和六年级的学生单独研究了这个话题,尽管他们也参与了关于这个话题的小组讨论;第二组进行了合作性辩论;第三组参与了合作性争论。合作性辩论小组的重点是赢得辩论,而合作性争论小组的重点是探索观点和意见上的分歧。与其他组相比,合作性争论组在积极寻找话题信息、重新评估自己的立场,以及在学生之间建立接受和支持的关系方面表现出色。小组成员的态度变化最大,对主题的兴趣最大,自尊心最强。在这些方面,合作性辩论组的学生优于单独学习组,但不优于合作性争论组。结论是,合作性辩论和合作性争论都是有用的教学工具,但相对于各种成果而言,合作性争论更为强大。

提供让学生备感意外的有趣课外信息

布罗菲指出,"许多理论家提出的激励学生的建议,背后的驱动力是学生的好奇心"。罗文斯坦报告说,"动物和人类都会寻找环境的可变性。例如,大量的研究表明,老鼠会去探索迷宫的两条道路中不太熟悉的那条路"。马丁·科温顿(Martin Covington)和凯伦·蒂尔(Karen Teel)提到,"奇怪的东西可以吸引学生的注意力"。这些观点都可以佐证我们提出的激发情境兴趣的第三种方法,不过,布罗菲警告说,过度使用有趣的意外信息和古怪的东西,可能会把(学生的)好奇心集中在诱人但琐碎的细节上。此外,他还指出,当它们被肤浅地使用时,一旦学生"最初的好奇心得到满足,就可能对这个话题失去兴趣"。

采用回应率更高的方式进行提问

最后，回应率更高的提问策略可以激发情境兴趣，帮助培养维持性情境兴趣。具体来说，当学生回答问题时，他的工作记忆完全专注于手头的任务。学生对问题产生关注很可能是由于此问题呈现出了缺失的信息。从这个角度而言，问题就像游戏。事实上，许多游戏都依赖于问题。在课堂环境中，问题可以产生温和的压力，帮助激发专注力。

对提问策略效果的研究支持了它们的潜在效用。表1-2报告了一些关于提问效果的研究结果。

表1-2 提问策略对学生成绩影响的研究

	效应量	平均效应量	百分位增益
雷德菲尔德和卢梭	14	0.73	27
山姆、崔考斯基、温斯坦和沃尔伯格	14	0.26	10
格利斯曼、普格、道登和哈钦斯	26	0.82	29
盖尔、普瑞斯和艾伦	13	0.31	12
伦道夫	18	0.38	15
怀斯和奥基	11	0.56	21
瓦尔贝格	14	0.26	10

如表1-2所示，与提问相关的百分位增益范围在10到29之间。提问作为一种参与策略的问题之一是，一旦一个学生单独回答了一个问题，班上的其他学生可能就会分散注意力。因此，增加回答问题的学生数量，有助于捕捉更多学生的工作记忆。事实上，提高学生回应率，是一种常见的提高教学效率的技巧。

第 1 章

这重要吗：帮助学生感知事物重要性

影响参与度的第三个标志性问题是"这重要吗"。如果这个问题的答案是肯定的，那么学生更有可能继续参与手头的任务。那么，对学生来说，什么是重要的或不重要的呢？这个问题的答案，可以在关于目标的研究和理论中找到。

罗伯特·马扎诺和雅娜·马扎诺（Jana Marzano）解释说，人类的思维是由一系列目标组成的。较低层次的目标是解决基本的生存需要，如食物、住所和舒适感。在这些目标之上的是短期目标，如安排约会或在测验中取得好成绩。在短期目标之上是长期目标，比如组建一个大学运动队，整个赛季都打入一线，或者完成一个学期的高质量论文。更高层次的目标是较长期目标，最顶端的就是终生目标。当一个学生以更高层次的目标工作时，他会更投入。因此，老师越能挖掘学生更高层次的目标，整个班级就会越投入。在这里，我们来讨论所有目标的存储位置——自我系统，以及个人目标如何激励学生参与。我们还会探讨认知挑战性任务在帮助学生感知课堂活动中的重要性。

自我系统

一些认知心理学家假设，人类的目标存在于自我系统中。根据定义，自我系统是永久记忆的一部分。自我系统不是对过去事件（情境记忆）、信息（陈述性记忆）或技能和过程（程序性记忆）的记忆，而是包含个人对每一种情况的目标。一个人是否从事某一特定的活动，取决于他是否认为，该活动与自我系统中的一个或多个目标相关。从这个角度看，自我系统可以被看作是人类动机的建筑师。芭芭拉·麦库姆斯（Barbara McCombs）和她的同事对自我系统的描述如下：

> 自我作为主体，是意志的基础。在一定程度上，它可以被认为是一个以目标为导向的生成结构……它有意识或无意识地定义了我们是谁、我们想什么，以及我们做什么。

米哈里·契克森米哈赖（Mihaly Csikszentmihalyi）对自我系统的描述如下：

> 自我不是普通的信息……事实上，它包含了几乎所有经过意识的东西：所有的记忆、行为、欲望、快乐和痛苦都包含在其中。最重要的是，自我代表了我们多年来逐步建立的目标层次……在任何时候，我们通常只知道其中的一小部分。

莫尼克·博卡尔茨（Monique Boekaerts）回应了米哈里·契克森米哈赖关于目标的层级性质的评论：

> 人们普遍认为，应该将一小组更高级别的目标或原则，放在层级目标网络的顶端。这一套基本原则对一个人的自我意识贡献最大，因为这些原则代表了一个人的基本价值观和他认为理想的特征。因此，更高层次的目标，为一个人的生活，提供了一般的组织和方向，并且优化了个人的意义。

因此，目标是人类特有的。在某种程度上，人们通过他们的目标来看待生活中的每一种情况。正如博卡尔茨所解释的那样，每一个学生每天都带着驱使其行为的目标来上课：

> 我相信，所有的学生都生活在一个多目标的环境中，他们每天的大部分活动都是关于——他们将多少有限的资源，投入到他们当时认为重

要的目标上。

不幸的是，一些教育工作者所犯的错误是，他们认为地区、学校或个别教师所提供的学术目标与学生的个人目标一致。

个人目标

关于人类行为目标导向性的研究和理论，传递出的一个明确信息是，学生更有可能参与与他们个人目标相关的学校目标。我们将在第四章看到，这种理论为一些课堂策略提供了指导，这些策略增加了学生将课堂活动看得更重要的可能性。当然，当学生最初并不认为学校目标与他们的任何个人目标相关时，就会面临挑战。研究指出，选择是一种可能的补救办法。

选择似乎是一个可行的能够帮助学生重视课堂任务的方法。理查德·瑞安（Richard Ryan）和爱德华·德西（Edward Deci）解释说："研究表明，为所有年龄段的学生提供选择，通常会增加其内在动机。"埃里卡·帕塔尔（Erika Patal）、哈里斯·库珀（Harris Cooper）和乔吉安·罗宾逊（Jorgianne Robinson）对关于选择的研究进行了一项主要的元分析。表1-3报告了他们研究的部分结果。

表1-3 选择研究的元分析结果

受选择影响的结果	效应量	平均效应量	百分位增益
内在动机	46	0.30	12
努力程度	13	0.22	9
任务表现	13	0.32	13
后续学习	14	0.10	4

表1-3表明，选择对多种结果有影响。具体来说，选择似乎能增强学生的内在动机、努力程度，改善学生的任务表现，促进学生的后续学习。要产生这些令人印象深刻的发现，提供选择的课堂任务必须足够强大，使学生能够与他们的个人目标建立直接的联系。

认知挑战性任务

还有一种促进学生短期目标和长期目标之间联系的方法是，将复杂的认知任务应用于现实世界。当学生仅仅被要求以一种重复的方式复述信息时，他们就看不到所学信息的相关性。相反，当学生们被要求使用他们所学到的知识来解决问题、做决定、进行调查，并对现实世界的问题做出假设时，他们更有可能认为，他们所学到的东西是重要的。

契克森米哈赖的心流理论精确地剖析了当人们完全投入到一项任务中时所发生的事情。关于心流，布罗菲给出了以下描述：

我们仍然能够意识到任务的目标，以及我们对它的回应所产生的反馈，但是我们专注于任务本身，而不考虑成功或失败、奖励或惩罚，或其他个人或社会议程。至少有一段时间，我们会全神贯注于迎接任务所带来的挑战，完善我们的应对策略，发展我们的技能，享受控制感和成就感。

契克森米哈赖研究了当人们发现自己完全专注于手头的任务时所从事的活动类型，他将其称为"心流"。虽然他认为，这些活动应该像布罗菲所描述的那样，"发生在休闲和娱乐的放松时刻"，但事实恰恰相反。事实上，心流体验"发生在我们积极参与具有挑战性的任务时，这些任务能拓展我们的身体或心智能力"。布罗菲注意到弗雷德·纽曼（Fred Newmann）也发现，学生更专注于具有挑战性的任务。纽曼将挑战学生复杂认知任务的课程定义为需要深思熟虑的课程。这种任务包括：

- 专注于对几个主题的持续关注，而不是对许多主题的表面覆盖；
- 鼓励具有实质连贯性和连续性的话语；
- 提出质疑，让学生澄清或证明自己的观点；
- 产生原创和创新的想法。

纽曼发现，学生们报告说，思考型课程比那些非思考型的课程更难，但他们也报告说，这些课程让他们更加投入。显然，具有认知挑战性的任务本身就在发挥作用，这有助于学生肯定地回答"这重要吗"这个问题。然而，布罗菲指出，认知挑战性任务还有另一个影响。他说："认知模型不仅是一种强大的教学工具，还向学生展示了带着学习动机去完成一项任务意味着什么。"换句话说，当学生们面临挑战时，他们更有可能把他们所学的东西视为重要的，也更有可能把学习本身视为重要的，并认为这将对他们的生活产生影响。

具有认知挑战性的课堂之所以重要，还有一个更重要的原因。很明显，21世纪的世界发生了许多变化。肯·凯（Ken Kay）指出，"现在美国超过四分之三的就业岗位是在服务业。体力劳动和日常工作已经让位给互动的、非常规的工作，甚至在许多传统的蓝领职业中也是如此。他们也将拥有更多的工作岗位，其中许多工作都在尚未发明的领域"。正如苹果公司的一位主管所说，"任何需要管理的员工都不再适合就业"。为了确保长期的成功，学生们将需要看到所讨论的内容，以及整个教育的重要性。

在某些情况下，课堂活动和任务可以超越实际课堂的限制，要求学生将知识和技能应用到现实世界的自然环境中。布罗菲指出了学习发生的环境的重要性："如果我们希望学生以一种学以致用的形式学习知识，那我们就需要使他们能够在自然环境中使用适合该环境的方法和任务来开发知识。"他建议教师提供"具有特殊意义的活动，如服务性学习项目、学生主导的评估会议、科学/社会研究项目，最终为社区服务或游说地方当局采取一些政策或采取一些行动"。我们将在第五章中讨论，如何将当地社区的自然环境融入到教学中。

我能做到吗：引导学生提升自我效能感

最后一个象征性问题"我能做到吗"也会影响参与度。同样，如果答案是肯定的，学生更有可能参与其中。如果答案是否定的，学生可能会减少或中断他们的参与，即使他们对任务有积极的感觉（我感觉如何？），对主题感兴趣（我感兴趣吗？），并认为它与他们的个人目标相关（这重要吗？）。事实上，自我效能理论是认知心理学的一个公认分支。戴尔·申克（Dale Schunk）和弗兰克·帕贾瑞斯（Frank Pajares）解释说，"自我效能感指的是，在特定水平上学习或执行行为的感知能力"。

凯伦·穆顿（Karen Multon）、斯蒂芬·布朗（Stephen Brown）和罗伯特·连特（Robert Lent）在对38项研究的元分析中发现，自我效能感对学生学习成绩的影响程度为0.82。亚历山大·斯塔基科维奇（Alexander Stajkovic）和弗雷德·卢森斯（Fred Luthans）对114项关于自我效能感与工作绩效之间关系的研究进行元分析，发现两者的效应大小完全相同，均为0.82。从这些发现来看，自我效能感的感知与成人和儿童的表现有很大的关系。本文探讨了培养学生自我效能感的两种方式：（1）可能自我；（2）自我理论。

可能自我

黑泽尔·马库斯（Hazel Markus）及其同事的工作为自我效能感的概念增加了一个有趣的观点。他们指出，在一定程度上，学生的自我效能感取决于他们对可能自我的感觉。可能自我是个体未来的认知表征。当学生对未来可能成为什么样的人有了清晰的概念时，他们就能够发展技能、收集资源，从而产生自我效能感。

塔玛拉·默多克（Tamara Murdock）提醒我们应该警惕少数族裔学生如何在成长中感知自我。她解释说，对于美国的少数族裔成员来说，他们的"身份是在一个更大的社会背景下构建的，在这个背景下，刻板印象和歧视仍然普遍存在。此外，种族和性别一样，是我们看待自己的一个强有力的过滤器"。因此，少数族裔学生产生的一些身份或未来的可能自我，可能与大文化中通常被认为成功的自我有所不同。例如，一些学生可能发展出明显的反学术身份或未来的可能自我，因为在他们的同伴中，学业上的成功被视为"白人的行为或证据，表明这个人背叛或接受了一种不公平的制度"。

自我理论

卡罗尔·德韦克（Carol Dweck）表达的自我效能理论，可能是现今最流行和最有力的理论之一。在一系列的作品中，德韦克和她的同事阐述了一种观点，挑战了一些长期持有的、甚至是备受珍视的观念。具体来说，德韦克挑战了这样一种观点，即激励学生的最佳方式是，通过经常表扬他们，并肯定他们的智力，来增强他们的信心。

在小学，父母和老师可能会不断地表扬这些孩子，因为他们做得很好，很聪明，学得很快。这些早期的成功似乎为日后的自信生活和学术成就打下了基础。然而，这些学生中的许多人在上初中时都很挣扎，他们的成绩开始呈现下降趋势。突然间，课堂变得富有挑战性，努力学习变成了成功的必要条件。当情况变得困难时，学生们如何应对？他们有没有鼓励自己"我是聪明能干的，我应该卷起袖子开始工作"。不幸的是，他们中的许多人没有这样做。相反，许多人选择放弃，决定走捷径，用最少的努力渡过难关。为什么会发生这种情况？教育工作者又能做些什么呢？

德韦克和她的同事们通过观察两种截然不同的反应模式来得出他们的结论。一组学生在被要求解决具有挑战性的问题时，表现出一种无助的反应模式。学生们将自己的失败归咎于自己的能力，甚至通过诸如"我再也不喜欢做这样的事了"这样的语句来表达负面情绪。此外，他们的表现会随着时间的推移而下降。另一组学生则建立了不同的反应模式，其特征是"以成功为导向"。即使任务很有挑战性，这些学生仍然保持乐观,他们会说"我差一点就做到了"。他们用诸如"我喜欢我自己能解决像这样的难题"之类的语句来表达积极的情绪。此外,他们的表现更好,在解决问题时使用的策略也比同伴更有效。

德韦克得出结论,在很大程度上,这两类学生之间的差异可能与他们的观念或智力理论的差异有关。换句话说,他们假设,学生发展的自我理论会对他们处理挑战的方式产生重大影响。

有些学生认为,智力是一种固定的属性。他们相信智力有固定的数量,就是这样。我们称之为"实体理论"。秉持实体理论的学生认为,智力是固定不变的。他们相信,如果一个人有很多这种能力,那么他就能做到,但如果他们没有,那他们就真的无能为力了。此外,秉持实体理论的学生可能会不断担心他们是否拥有它。其他学生认为,智力是一个可变的属性,可以随着时间的推移而增长和加强。我们称之为"增量理论"。这些学生认为他们投入的努力越多,他们就会学得越多,他们的能力就会越高。这些关于智力的观念对学生有重要的影响。

因此,德韦克指出,自我理论是学生动机的核心,尤其是在面临挑战性任务时。如果一个学生已经形成了关于人类能力的"固定型思维",他将倾向于在具有挑战性的任务面前退缩,并经历负面影响。如果一个学生培养了关于人类能力的"成长型思维",他将倾向于接受具有挑战性的情况,并体验到积极的影响。

德韦克模型的复杂性,以及自我理论和人类行为之间的细微关系有很多,我们无法在这里一一解决它们。值得注意的是,以下是自我理论的一些重要方面。

- 自我理论相对稳定。一旦一个学生形成了自我理论,他就倾向于坚持这个理论。
- 自我理论可以适用于某个特定领域。例如,一个学生可能持有关于数学的固定型思维,但是在音乐方面具有成长型思维。
- 不同的自我理论导致不同的目标。当学生对能力产生固定型思维时,他们倾向于选择那些能显示或突出他们感知到的天生能力的任务。对于这些学生来说,取得好成绩并证明自己很聪明是第一位的。那些有成长型思维的人,会寻求帮助他们学习的目标,因为学习新技能会提高他们的表现。
- 不同的自我理论导致对努力价值的不同观念。对人类能力持有固定型思维的学生,往往会贬低努力,认为能力是至关重要的。如果一个学生有能力,他会表现得很好;如果他没有能力,努力也无济于事。事实上,固定型思维的学生倾向于把努力看作是一种消极的特征。如果你必须努力才能实现某件事,那么这说明你并不聪明。德韦克指出:

这可能正是为什么许多成绩优异的学生在初中学习变得困难时就停止学习的原因。如果他们的努力程度很低,就表示他们靠着聪明就可以做到别人做不到的事,一旦需要他们努力,他们就不愿意冒险尝试。他们宁愿做得很差,被别人认为是聪明却懒惰,也不愿意被认为是努力而无能。

- 持有成长型思维的人倾向于认为,努力不仅有用,而且是成功的重要组成部分。他们倾向于支持这样的说法:"你在某件事上越努力,你就会做得越好。"
- 不同的理论对失败有不同的反应。持有固定型思维的学生渴望在学校取得成功,只要他们成功了,他们的理论可能对他们的表现影响不大。

然而，一旦这些学生开始经历挫折，或开始担心他们的表现，他们所持的理论就开始对他们不利。对于那些持有固定型思维的人来说，在某一特定任务上的失败是能力低下的表现。当面对失败时，固定型思维理论者会将他们的失败归咎于他们无法控制的事情（"我真的不喜欢这个主题"）。考虑到失败与失控的事物有关，固定型思维理论者几乎没有机会变得更好。相反，当成长型思维理论者失败时，这表明他没有做出足够的努力。失败很少或根本不能促使固定型思维理论者采取行动，却能刺激成长型思维理论者采取新的、更有针对性的行动。

从这本书的角度来看，自我理论最令人兴奋的一个方面是，思维模式不是固定不变的。为了说明这一点，德韦克引用了乔舒亚·阿伦森（Joshua Aronson）、卡丽·弗里德（Carrie Fried）和凯瑟琳·古德（Catherine Good）的一项研究，在这项研究中，非裔美国大学生被教导智力是可塑的。尽管在学术环境中人们对非裔美国人抱有成见，但这些学生的成绩比前几个学期都高。在另一项研究中，大学生告诉七年级学生，他们可以提高自己的智力。这些大学生们每学期对七年级学生进行一次90分钟的辅导，然后在学期的剩余时间通过电子邮件和他们进行交流。在此期间，大学生导师们简单地谈到过这样一个事实：智力可以在任何时候扩展，因为神经元和树突形成了新的神经联结。七年级的学生还学习了一个基于网络的计算机程序如何提高他们的智力。从统计学角度看，这种相当温和的干预对阅读和数学成绩提高有显著影响。

专注力和参与度研究模型

到目前为止，关于这四个具有象征意义的问题的讨论，为教师提供了一个相当直观的模型，有助于他们做出能提高学生参与度的教学决策。虽然动机、参与及其相关过程是非常复杂的，但对于忙碌的课堂教师来说，我们的目标仅仅是为规划和实施教学建立一个内部一致的模型。

我们的模型侧重于专注力和参与度的相关构造，我们为这些构造提供了操作性定义。然而，我们并没有试图解释专注力和参与度，以及相关概念（如动机和加入）之间的重叠和相互作用。

我们模型的核心是用于组织研究和理论的四个象征性问题：

1. 我感觉如何？

2. 我感兴趣吗？

3. 这重要吗？

4. 我能做到吗？

我们将专注力定义为对问题1和问题2的积极回应。这些问题涉及外部世界的信息是否进入工作记忆（参见图1）。如果学生有负面情绪或低能，他们就不太可能在工作记忆中接受新信息。同样，如果学生认为信息无趣，工作记忆也就不会处理它。

我们将参与度定义为对问题3和问题4的积极回应。这两个问题的答案都会影响信息在工作记忆中保存的时间。如果信息被认为不重要，工作记忆就不会长久保存。如果学生不相信他们能完成与信息相关的自愿或必需的任务，大脑最终会拒绝它。

从这个角度，有人可能会说，老师总是在问和回答关于学生的两个问题：

1. 他们在关注我吗？

2. 他们参与了吗？

如果第一个问题的答案是否定的，老师就会想办法提高课堂的情感基调，激发学生的兴趣。如果第二个问题的答案是否定的，教师就会想办法帮助学生认识到课堂内容的重要性，提高他们的自我效能感。

在接下来的四章中，我们将讨论具体的教学策略。每一章都涉及四个象征性问题中的一个，这些问题的答案会对专注力和参与度产生影响。

建立在研究理论基础上的课堂实践

在随后的章节中，我们会借鉴本章中的研究和理论，以及《教学的艺术与科学》和《有效的课堂管理》等资源，将我们的专注力和参与度研究模型转化为短期和长期策略。教师们以连贯和相互关联的方式使用这些策略，就能创建一个学生高度参与的课堂。

正如在引言中提到的，随着你在剩余章节中的学习，你将遇到一些要求你检验所学内容的练习。其中一些练习要求你回答具体的问题或确定具体的策略。完成每一个练习后，你可以把答案和书后面的答案核对一下。其他练习则更加开放，在课堂应用你的所学即可。

第 **2** 章

我感觉如何

正如我们在第一章中看到的,一个学生对"我感觉如何"这个问题的回答,涉及三个综合因素作用的结果:学生的精力水平、教师的积极态度,以及学生的接受度。如果一个学生精力不足,他很可能不会注意课堂上发生的事情。如果老师的总体态度是消极的,或过于严肃,学生也不会注意课堂上发生的事情。最后,如果一个学生觉得没有被老师或同学接纳,他很可能在课堂上不专心。

学生在任何时候的感受是由很多因素决定的,其中大部分都不在老师的影响范围之内。例如,学生可能得不到家庭成员的情感支持,或者学生可能缺乏适当的营养或适当的休息。同样,一个学生可能有相当严重的心理问题。不幸的是,教师几乎没有机会以任何系统的方式解决这些问题。然而,每个老师的教室都可以成为一个让所有学生都能体验到活泼性、积极性和接纳感的地方。在这一章中,我们思考了教师可以使用的五种策略,以增加学生对"我感觉如何"作出积极反应的机会:(1)保持课堂节奏的平衡;(2)带领学生将身体运动融入课堂;(3)展现对所教授内容的专注和热情;(4)营造恰如其分的幽默课堂氛围;(5)与学生建立积极的师生关系。

保持课堂节奏的平衡

课堂节奏是影响学生精力的基本因素之一，但它经常被忽视。它通常被认为是课堂管理的一个方面，但它其实与学生的精力水平直接相关，这也使其成为影响专注力的关键决定因素。如果课堂节奏太慢，学生精力就会下降，专注力就会减弱；如果课堂节奏太快，学生可能会感到困惑和沮丧。适当的课堂节奏不仅能保持教师精力充沛，也能让学生有足够的时间处理信息。教师在管理任务、进行转换、安排课堂作业和呈现新内容时，要注意平衡课堂节奏。

管理任务

管理任务通常在以下时候发挥作用：开始或结束一节课或一天的学习、使用课堂材料和设备时。一般来说，类似下面这样的管理任务的程序应该是合适的：交作业、分发材料、活动结束后存储材料、组织小组。如果学生对这些任务有清晰且训练有素的认知，节奏就不会变慢。下面的案例演示了教师如何在课堂上利用有效的日常管理任务。

波伦布是一名小学体育教师。他的许多课程都涉及球、球棒和球拍等设备的使用。为了充分利用每节课，他指派了两名学生担任设备管理员。每个月，波伦布都会培训两名新学员，让他们担任设备管理员的工作。波伦布知道，通过对他们进行常规训练，他可以从上课演示无缝过渡到需要使用设备的活动，并且设备管理员会妥善收集和存储学生使用过的所有设备。

进行转换

在一个给定的课程中有许多活动，每个活动又都有自己的目的和结构。缺乏从一项活动到另一项活动的清晰转换，会对课堂节奏产生负面影响。学生应该知道一项活动何时开始、持续多久、何时结束。下面的案例描述了教师如何进行有效的转换。

菲奥雷老师擅长使用一种叫做拼图的合作式学习结构。在这种结构中，学生是小组的一员，这个小组的每个成员都负责学习一段特定的内容，然后将其传授给小组的其他成员。在一个典型的课堂里，学生们的工作分为三个阶段：(1) 独立阶段——在这个阶段，他们独立学习他们的作品；(2) 合作阶段——在此期间，他们与正在学习相同信息的其他小组成员组成的"专家组"合作；(3) 最后一个阶段——在此期间，他们和小组成员轮流教授每一段内容。当菲奥雷老师使用这种结构时，转换是无缝衔接的。当学生们走进教室时，所需的材料都放在课桌上。学生在每个阶段都有特定的时间来学习，他们有一分钟的时间从一个阶段过渡到下一个阶段。

安排课堂作业

有效课堂节奏的另一个重要组成部分是，确保学生在完成课堂作业后能够参与活动。不管课堂作业安排得有多好，有些学生就是会比其他人更快完成，这可能会导致他们分心或感到无聊。最糟糕的情况是，他们会接着分散其他学生的专注力，扰乱课堂的秩序。老师应该为那些提前完成任务的学生安排如下活动：

- 帮助其他学生；
- 开始学习更高级别的内容；
- 从另一个角度研究与课堂作业内容相关的活动；
- 学习自己选择的主题。

下面的案例描述了什么是课堂中有效的作业安排。

特尔顿老师在她的科学课上布置了一个关于碳年代测定的练习题，让学生们进行测验，完成后举手。她会给学生一张答案纸，这样学生就可以检查他们的答案。这张纸上是这样写的："如果你在下课前检查完你的答案，那你可以在错误的地方写几句反思。你知道你的答案为什么是不正确的吗？你有什么问题吗？"她知道，即使这是个多步骤的作业，有些学生也会在下课前完成。为了防止这些学生变得无聊或捣乱，她提供了一些挑战性的问题，要求学生利用他们对碳年代测定的了解来解决一个现实世界的问题，比如确定一个考古对象的年龄。

呈现新内容

在呈现新内容时，必须始终监控信息呈现的速度。对学生已经知道的内容进行频繁的关注，可能会让他们感到厌烦，从而导致课堂节奏缓慢或拖沓。然而，快速浏览新内容可能会让学生感到沮丧，因为他们会觉得没有足够的时间来处理所学的内容。一般来说，教师应该把信息分块按序呈现，每一块知识可大可小。在每一块信息呈现之后，学生们分成小组进行互动，总结或回答问题。

此外，在提供信息的同时，教师应该不断监控学生的专注力水平。如果专注力正在减弱，教师可以缩短信息块的长度，这样学生就可以开始分组处理信息。下面的案例描述了如何分块呈现新内容。

拉克鲁瓦老师正在他的艺术史课上展示关于后印象派的新内容。他用保罗·高更（Paul Gauguin）的作品和生活来展示社会和艺术是如何从印象主义转向后印象主义的。为了保持课堂的活跃，他把最初的课分成四个部分：印象主义及后印象主义艺术和艺术家的相似之处；印象主义和后印象主义艺术和艺术家的不同之处；高更的社会和政治影响；高更的艺术影响和抱负。

拉克鲁瓦老师首先向全班介绍了一些关于后印象派的基本信息，强调许多创作了有影响力的印象派艺术的艺术家也创作了有影响力的后印象派艺术。他向全班学生展示了一幅高更的绘画作品，并要求学生进入预先安排好的小组，将他们对印象派绘画的了解与他们所看到的进行比较。

接下来，他向全班介绍了将后印象主义定义为独特运动的关键要素。学生们再次分组讨论一幅不同的绘画。这次的重点是，是什么使它不同于他们所知道的印象派。"你看到的主要区别是什么？这些艺术家试图通过这些特定的改变他们作品的方式，来达到什么目的？"

然后，他召集全班同学，介绍高更时代的社会和政治变化。然而，他注意到，许多学生对他们已经看到和讨论的内容有疑问。他知道，在回答这些问题之前继续进行原定教学，会导致学生困惑和沮丧。因此，他调整了自己的教学，并允许学生在课堂上的剩余时间进行大量的小组讨论。

第 2 章

> **练习2.1 保持课堂节奏的平衡**
>
> 1. 教学节奏、工作记忆和专注力之间有什么关系?
> 2. 在保持学生专注力方面,平衡课堂节奏的策略有哪些局限性?
> 3. 你的课堂节奏何时是有效的,何时是无效的?

带领学生将身体运动融入课堂

和课堂节奏一样,身体运动也会对学生精力产生影响,进而影响其学习能力或专注力。从本质上讲,任何使用运动的课堂活动,都增加了学生对"我感觉如何"这个问题作出积极反应的可能性。许多资料来源提供了多种方式来阐述教师如何将身体运动融入课堂活动。

- 《大脑健身房:全脑学习的简单活动》(*Brain Gym: Simple Activities for Whole Brain Learning*),保罗·丹尼森和盖尔·丹尼森(Paul Dennison and Gail Dennison)所著的这本书提供了任何人都可以做的简单的体育锻炼,它们能帮忙提升精力和认知功能。

- 伊莎贝尔·科恩(Isabel Cohen)和马塞勒·戈德史密斯(Marcelle Goldsmith)合著的《动手:如何在课堂上使用大脑健身房》(*Hands On: How to Use Brain Gym in the Classroom*)通过为教师提供适合各年龄段的策略、特定技能和内容,将这些练习应用到课堂上,使大脑健身房的想法和练习更进一步得到应用。

- 莎伦·普罗斯洛(Sharon Promislow)在《建立大脑/身体的联

043

系：释放通往成功的心理、身体和情感障碍的有趣指南》(Making the Brain/Body Connection: A Playful Guide to Releasing Mental, Physical and Emotional Blocks to Success) 中使用简单的语言，来讨论精神和身体之间的联系，并提供了一个十步练习过程，帮助读者使用这些联系来释放阻碍成功的精神和身体障碍。

• 《聪明的举动：为什么学习不是你头脑中的全部》(Smart Moves: Why Learning Is Not All in Your Head)，卡拉·汉纳福德（Carla Hannaford）所著的这本书提供了一个更深入的讨论，涉及身体在情感发展和语言发展，以及学术成就中的作用。

运动可以融入课堂，提升学生精力，加深学生对内容的理解，激励整个班级或学校。

提升精力的运动

有时，课堂上使用的身体运动与课程内容并没有本质上的联系，它只是被用来给沉闷的课堂气氛注入能量。其中一项活动被称为伸展运动。在一次伸展运动中，老师要求学生进行身体运动，以便让更多的血液和氧气流向大脑。虽然这些活动可能与学习内容完全无关，但它们在促进专注力方面具有举足轻重的作用。例如，一位教师在监考时，注意到他的学生变得昏昏欲睡。他可能会要求他们在规定的五分钟休息时间内站起来，做一些基本的练习。例如，双脚站立，把手臂伸到头顶上，然后弯腰用手指触碰脚趾。接下来，他们可能会用右胳膊肘触碰左膝，用左胳膊肘触碰右膝。

另一种可以用来提升精力的运动方法是，把它与排练联系起来。排练是指以帮助学生记忆的方式重复重要信息。教师可以使用动作来强调内容的某些方面，或者创建一个模式来帮助记忆。即使这种类型的运动本身与内容无关，但它可以帮助学生记住他们正在学习的内容，并提高他们的精力水平。例如，一位老师注意到，她的学生在回忆测量单位时有困难，那她可能会让学生站直来代表最大的单位，弯下腰来代表较小的单位，跪下来代表最小的单位。所以，当她说加仑的时候，他们就站直；提到夸脱，他们就弯腰；提到品脱[1]，他们就跪下。码、英尺、英寸[2]，吨、磅和盎司[3]也是如此。然后，她可能会把所有的测量方法混合起来，一个接一个地叫出它们的名字（吨、品脱、英寸，等等），这样学生们就能快速地从一个姿势变换到另一个姿势。

下面的案例描述了一个老师如何将运动融入课堂，以提升学生的精力。

恩肖老师注意到，在她上午的课上，学生们似乎都很累了，而且很难记住银河系中行星的名字。她让他们站起来，做一些简单的伸展运动，让氧气流向大脑，然后让一名志愿者为离太阳最近的行星——水星做一个动作。每个行星都有一个对应的动作，然后，当恩肖老师按照太阳系的顺序叫出行星的名字时，学生们把每个动作串成一套舞蹈动作。

进一步理解内容的运动

有时老师会使用运动作为一种工具，来加深学生对内容的理解。通常，这些运动涉及收集或组织关于某个主题的信息。在这种情况下，学

---

[1] 1 加仑（美制）=3.785412 升；1 夸脱（美制干量）=2 品脱=1.101 升。

[2] 1 码=3 英尺=36 英寸=0.9144 米。

[3] 1 盎司=28.350 克，1 磅=16 盎司，1 吨=2204.6 磅。

生必须离开座位进行一项活动，这对进一步了解内容是必要的。活动之一叫"给一得一"。当学生记笔记时，这种活动是最有效的。老师让学生站起来，找一个搭档。然后，老师指导学生复习他们关于一个特定主题的笔记。合作搭档就此主题交换意见，以便提供新信息（给一）和获得新信息（得一）。

结对练习时，老师也可能在全班范围提问。例如，一位语言艺术老师在讲授神话如何影响语言的单元课程时，可能会要求学生结对使用"给一得一"策略。一个学生可能会分享，他是如何发现"恐慌"（panic）这个词来自"潘神"（the god Pan）；第二名学生也可能认为，与宙斯作战的远古巨人泰坦种族（Titans）影响了著名的泰坦尼克号（Titanic）的起名过程。在分享和收集新信息的过程中，学生们可以写下任何他们在小组讨论中需要和全班同学讨论的问题。

另一种利用身体运动来加深学生对内容理解的策略，被称为用脚投票或用人形图投票。用脚投票是一项活动，学生们会移动到房间的不同位置，以表明他们认为哪个答案是正确的。这种策略最好用于选择题。例如，在有关第二次世界大战的一节课上，老师可能会设计一些选择题，来说明不同的人对历史事件有不同的看法。每个题目都有四个可能的答案：A、B、C和D。当老师给学生一项选择题时，要求学生在他们认为是正确答案的字母处排队。例如，老师可能会提出以下问题："根据你所听到和读到的内容，决定你认为珍珠港事件是：（A）日本无端的袭击；（B）杜鲁门有意识地和战略性地挑起的；（C）不是有意挑起的，而是受到美国的推动；或（D）其他。然后，学生们会走向张贴着不同字母的地方。在讨论正确答案之前，老师要求每个选项下的一名学生解释，为什么他会选择这个答案。对于这样的问题，重要的是要考虑答案的有效性，而不是"正确性"。

另一项活动——区角活动可以帮助学生活动身体，同时加深他们对内容的理解。在区角活动中，学生们聚集在角落里，讨论某个主题的不同方面。例如，一位社会研究教师将教授有关公民不服从的课程，他设计了四个问题：

1. 公民不服从的定义特征是什么？
2. 公民不服从如何促进民主？
3. 公民不服从如何阻碍民主？
4. 你能举例说明在你的生活中，你如何使用非暴力的不服从来达到一个好的目的吗？

每个问题都张贴在房间的特定角落。每个角落都有图表纸和一个学生，他们被分配使用图表纸来记录小组成员所说的话。在将班级分成四个人数大致相同的小组后，老师为活动提供指导：学生从四个角落中的一个开始讨论每个问题，每个角落大概待五分钟。每个角落的记录员简要地总结学生的意见。学生在转移位置过程中，记录员仍留在指定的位置。当学生们走遍了所有的角落，记录员就会总结出每个小组讨论的内容。

教师还可以带领学生将身体运动融入课堂，帮助学生以不同的方式或从不同的角度理解内容。戏剧是一种非常通用的方法。在戏剧相关的活动中，学生表演一个正在研究的事件，在该事件中扮演不同的参与者。事件可以有各种各样的来源，如历史资料、时事和文学作品。例如，一个英语课的老师可能会要求学生重新表演他们读过的故事。学生们可以分组进行计划、排练，接着表演短剧——借用故事中的对话，并添加自己的对话。

身体运动之所以可以加深学生对内容的理解，是因为它们要求学生用身体来表示抽象或具体的内容。通过这些活动，身体运动旨在描述主题的关键方面。例如，数学老师可能会要求学生站起来，用物理的方式表示半径、直径和周长等术语。

下面的案例描述了一位老师为了加深对所讲内容的理解，而将身体运动融入课堂。

瓦尔迪兹老师的班级一直在读舍伍德·安德森（Sherwood Anderson）的《俄亥俄，温斯堡》（Winesburg, Ohio）这本书。为了复习这本书，瓦尔迪兹老师在教室里布置了一个区角活动。四个学生被分配做记录员的工作，四个角落都有一张桌子，记录员就坐在桌子旁。当学生们按照指定的小组在四个工作站之间走动时，记录员就会问瓦尔迪兹老师准备的下列问题。

- 区角一：欧内斯特·海明威（Ernest Hemingway）和威廉·福克纳（William Faulkner）等作家经常提到，《俄亥俄，温斯堡》对他们的作品产生了重要影响。在《俄亥俄，温斯堡》的主题和结构背景下，你认为，为什么这本书对海明威和福克纳如此重要？他们会如何看待这部作品的独创性、创造性或重要性？

- 区角二：你认为俄亥俄州一个小镇的背景对这个故事来说有多重要？

- 区角三：你如何解释每个故事中人物之间建立或缺失的联系，以及它们与不同故事中人物之间建立或缺失的联系相比如何？从这些联结中会产生什么样的信息？

- 区角四：你认为开场白有多重要？如果你没有读过这本书，你对它的理解会有什么不同？

适合整个班级或学校的运动

正如我们在第一章中看到的，加强体育锻炼和体育运动的全班或全校项目，可以对学生的学习能力产生积极影响。虽然个别教师不能立即实施全校课程，但小组教师可以合作发起变革。以下是一些应用全校课程的真实案例。

密歇根州艾伦代尔的奥克伍德中学（Oakwood Intermediate School）创建了一个"努力学习实验室"，配备了微型滑翔机、跑步机和连接到视频游戏机的固定自行车。被选中的学生每周有三次机会在上课前半小时左右来到实验室，在每个实验站停留几分钟。他们的心率会被定期监测，并在离开前完成关于"他们感觉如何"的调查。这样老师们就知道，参与调查的学生会不会感到疲惫。目前，该项目的目标人群是有潜在肥胖问题或学术问题的学生，但教师和社区领导人正在努力扩大该项目的研究范围，包括阅读前运动的价值研究等。

加利福尼亚州圣拉斐尔高中为新生开设了一门名为"探险室"的运动课程。这门课程所用的教室曾经是一个过时的摔跤场地，但现在包含了攀岩墙和绳索课程的元素。学生在完成安全培训后，教师会根据他们的个人兴趣和技能水平，为他们设定个性化的目标，并帮助其在课程结束时达到这个目标。该校校长表示，开设这门课程不仅是为了提高身体素质，也是为了教授合作和解决问题的技巧，并建立学生的自尊。老师们注意到了学生们的不同，他们说现在的新生比他们在冒险课程之前教的新生更踏实、更成熟。

新罕布什尔州的许多小学都在开办马戏健身活动,这是由林林兄弟(Ringling Bros.)、巴纳姆和贝利创立的一项锻炼计划。公司里的小丑、杂技演员和空中飞人艺人到学校来表演,展示运动技能。孩子们由此知道,掌握这些技能需要健身和练习。坚持这种做法的班级将得到马戏团门票或表演者到校表演的奖励。

练习2.2 带领学生将身体运动融入课堂

阅读下列每个课堂场景,确定下列正在被使用的是哪一种身体运动策略:

A. 伸展运动

B. 与排练有关的动作

C. 给一得一(进一步理解内容的运动)

D. 用脚投票

E. 区角活动

F. 戏剧

G. 运动技能展示

1. 拉什老师的语言艺术课一直在读一些诗歌。为了帮助学生们开始思考诗歌中的抽象概念,提高他们的精力水平,他让学生们站起来:"我要喊出一个单词,然后你要用你的身体做点什么动作来代表它的意思。"当他开始喊"美"这个词时,学生们有点犹豫,但随着练习的继续，他们开始对这个词有更多的兴趣，并创造了许多不同的姿势。

2. 在一天中的第一节课上，学生们通常仍然很累，昏昏欲睡。乌里克老师为了给他们一点动力，经常让他们在上课开始时，站起来做一些简单的练习，这些练习旨在唤醒他们的大脑。

3. 罗林老师的唱诗班一直在为年终演出寻找潜在的歌曲。她把学生们可以选择的四个节目放在一起。一天下课后，她发给他们这四个节目的歌曲列表，每个节目都按照1到4标有数字。她要求学生们努力思考他们最喜欢哪个节目，以及为什么喜欢。第二天上课前，她在教室的不同地方放了四张海报，每张海报上都有一个数字。上课时，她要求学生站在代表他们所选节目的数字下面。然后，她让每个数字下面的学生解释，为什么他们最喜欢那个节目。然而，仅仅表示喜欢或不喜欢每个节目中的歌曲是不够的。她要求他们每个人提供理由，使用他们全年所学的词汇和概念来表达自己的观点。她发现，虽然他们过去没有对音乐进行过很多深入的讨论，但她的许多学生都能讲得很专业、很清晰，甚至能发表强有力的见解。最后，她给了他们一个改变投票的机会，并听取了一些同学的意见。

4. 霍尔姆斯老师正在为学生们安排考前复习，测试是对世界各地不同政府体系的社会研究。他告诉学生，收集他们所掌握的不同制度和所研究的国家的笔记。他随机叫出两个名字，然后这些学生配对。当学生都配对成功时，他说："你们有五分钟的时间互相分享你们的笔记。你可以用这种方法收集考试中可能出现的新信息，还可以清除

> 笔记中可能出现的错误。"五分钟结束后，他又随机对着学生们喊出他们的名字，学生们和新搭档一起重复这个过程。

展现对所教授内容的专注和热情

教师的专注和热情是有感染力的，可以对学生的专注力水平产生积极的影响。当老师在课堂上表现出对演讲内容的专注和热情时，他们是在间接地传递"这很令人兴奋"和"这很有趣"的信息，这有助于创造一种吸引注意力的氛围。教师可以使用许多策略来展示个人对所处理内容的热情和专注，其中包括分享个人故事、传递语言和非语言信号，以及重燃教学热情。

分享个人故事

在某些情况下，老师可能会准备一个与所讲内容相关的个人故事。个人故事传达了老师对内容的兴奋和兴趣。例如，一段特定的内容可能为老师提供了一个洞见。老师的故事鼓励学生寻找自己与内容的个人联系。下面的案例说明了如何在教学中使用个人故事。

汤普森老师是一名表演艺术教师，他的学生经常对在任何观众面前表演感到紧张。当他们紧张时，他们会很难进入角色，甚至不喜欢在舞台上的经历。他经常告诉他的学生，他曾经有过同样的感觉。"当我年轻的时候，我真的很害羞，"他说，"我讨厌在课堂上被叫名字！所以一开始，站在舞台上面对所有观众的想法听起来不是那么美好。但我确实读了很多书，最后我朗读了改编自《贝奥武夫》(Beowulf)的剧本。我真的很喜欢这个英雄，他是多么的坚强和聪明。我觉得我很认同他。因为这个故事已经被改编成剧本，所以他有真实的台词，当我大声读出来的时候，很容易就会假装我真的是他。我注意到，当我读到这样一个角色的时候，我会变得非常不同。我会把他带在身边，这样在我不读剧本的时候，我也会觉得更勇敢。在那之后，我读了更多的剧本，当学校在排演《美丽新世界》(Brave New World)时，我决定试一试。在第一次试镜那天，我紧张到吐了出来，并且变得十分胆怯。但后来，我一直在看剧本，大声朗读我要试演的角色的台词。当我开始觉得自己真的就是那个角色时，我就不再害怕了。"

传递语言和非语言信号

教师可以通过多种语言和非语言的方式进行交流，包括：

- 大声说话；
- 展示内容时面带微笑；
- 用手势表示兴奋。

虽然这些行为最好是自然发生的，但老师提醒自己在适当的时间以适当的方式表现出强烈的热情当然是合理的。下面的案例演示了语言和非语言信号在课堂上的使用。

奥尔森老师是一名体育教师，曾在大学打篮球。因为膝盖受伤，所以她不再打球了，但她仍然通过瑜伽和游泳保持运动。她对体育运动的热情具有十足的感染力。她的语调、频繁竖起的大拇指，以及常挂在嘴角的微笑，都传达了她对体育运动的热爱。即使是不太喜欢篮球的学生也会被她感染,在篮球课上付出额外的努力。

重燃教学热情

教学多年后,教师们很容易忘记他们最初开始教学时的热情和激情。当这种情况发生时,提醒自己当初为什么要从事教学是很有帮助的。为此,教师应该每天花一点时间来提醒自己最初对教师职业的感受。下面的案例说明了如何对教学重新燃起热情。

阿尔瓦雷斯研究生刚毕业就成为了一名教师,因为她真的很爱孩子,想要改变孩子们的生命轨迹。然而,在她15年的职业生涯中,她有时会失去最初的热情。她发现,家庭和社区等因素对早期学习也有很大的影响,有时她觉得自己无法做出她曾经认为可能发生的改变。自从她的职业生涯开始以来,她结了婚,有了自己的孩子,有时她会因平衡生活和工作而感到很痛苦。在一位同事的建议下,她看了电影《为人师表》(*Stand and Deliver*),这部电影讲述了杰米·埃斯卡兰特(Jaime Escalante)的故事。她很清楚,根据真实故事改编的电影有时过于戏剧化,但对学生承诺的故事打动了她,并提醒她为什么选择教师这一职业。她感到充满活力,决心每年至少看一次这部电影,以及其他类似题材的电影。

营造恰如其分的幽默课堂氛围

幽默是教师态度的另一个方面,它能积极地影响学生的专注力。当教师营造恰如其分的幽默课堂氛围时,学生对内容、教师,甚至他们自己的感觉都更好。幽默可以用在很多方面。在大多数情况下,那些在课堂上一贯营造恰如其分的幽默课堂氛围的教师都有敏锐的观察力，他们能把发生的事情变成幽默的片段。例如，当老师开始播放视频时，可能突然停电了。为了把一个可能尴尬的情况变得幽默，老师可能会说："好吧，到目前为止你觉得影片怎么样？"利用机会创造幽默是需要练习的。随着时间的推移，老师会知道哪些事件会以适当的方式产生幽默。自嘲式幽默、有趣的标题或引语、电影片段或媒体，以及幽默的象征符号，都是经过时间考验的可靠的幽默来源。

自嘲式幽默

把学生作为幽默的对象通常是有风险的，因为这可能会使他们感到尴尬。值得注意的是，偶尔也会有学生接受幽默和友好的奚落，他们并不觉得被冒犯，实际上还很享受。在这种情况下，与学生开友好的玩笑可能是合适的，但教师应该始终以极谨慎的态度对待它。相反，教师把自己作为幽默来源，在几乎所有的环境中都是合适和有用的。下面的案例描述了一个教师如何使用自嘲式幽默。

帕特里克老师正在教授一门关于文化规范和习俗的社会研究课程。她利用时尚和音乐趋势来展示，在一种文化中令人向往和流行的东西在另一种文化中可能是令人不快或可笑的。为了证明她的观点，她带来了自己十几岁时的照片，当时的流行风格非常不同。她向学生们保证，她那时很酷，当他们大笑的时候，她会给他们看一些当时流行的音乐视频片段。"你们看到她的头发有多爆炸了吗？"帕特里克老师问道，"现在看看那些照片上我的头发。看到了吗？非常酷。"虽然她的学生会嘲笑过时的时尚和老师的照片，但她关于社会潮流和道德观念变化的观点得到了很好的诠释。

有趣的标题或引语

老师也可以使用有趣的标题或引语来保持课堂幽默。理想情况下，这些引语或标题与内容直接相关。例如，一个老师在写作课程中强调修改和编辑的重要性，但她的课程标题中却出现了有趣的错误。这让学生们发笑的同时，更加提醒了他们写作时要认真。此外，学生可能会带来一些有趣的新闻标题，这些标题是他们从当地报纸、杂志、社区或学校时事通信中发现的。

另一个有趣的信息来源是《今夜秀》（Tonight Show）。喜剧演员杰·雷诺（Jay Leno）在他的脱口秀节目中以起幽默的标题出名。以下是该节目的一些标题：

- "只需1美元就可有效鼓励有机农业发展"
- "现金是结束金融危机的关键"
- "政务公开研讨会将不对公众开放"
- "尽管使用了杀虫剂，律师还是回来了"
- "美国人每天看27小时电视"

教师也可以通过引用名人的话把幽默融入课堂。你可以在网站上收集大量的幽默语录。

- 电其实就是有组织的闪电。——乔治·卡林（George Carlin）
- 先获得事实，然后你才可以随心所欲地歪曲它们。——马克·吐温
- 我一直想成为大人物，但现在我意识到我应该更专业一些。——莉莉·汤姆林（Lily Tomlin）

- 创意是一门艺术，它能让你记住你听到的东西，但忘记你在哪里听到的。——劳伦斯·J.彼得（Laurence J. Peter）
- 电视是一种媒介，因为任何出色的作品都是罕见的。——弗雷德·艾伦（Fred Allen）
- 如果一开始你没有成功，失败可能就是你的风格。——昆汀·克里普（Quentin Crisp）
- 我不喜欢书，它们都是事实，没有感情。——斯蒂芬·科尔伯特（Stephen Colbert）
- 有两件事是无限的：宇宙和人类的愚蠢；我不确定的是前者。——阿尔伯特·爱因斯坦

即使幽默的标题或引语可能与课堂内容没有直接的联系，教师仍然可以在课堂使用它们创造幽默的课堂氛围。下面的案例描述了一位老师如何使用有趣的引语或标题。

唐妮弗是一名中学语言艺术老师，她会在教授同音词时营造恰如其分的幽默课堂氛围。当她在黑板上写句子时，偶尔会故意犯一个同音词错误，看看是否有人发现了。她经常让学生们发笑，并在阅读她的指示时保持警觉。

电影片段或媒体

电影和其他形式的媒体娱乐为课堂提供了丰富的幽默来源。

当然，看一部完整的电影通常是不合适的，但老师可以找到适合不同学科领域和年级水平的短片。下面的案例展示了一位老师在课堂上如何使用电影片段进行教学。

辛格老师的科学课上，学生们需要两人一组完成他布置的一系列实验。为了在课堂上保持轻松的气氛，同时强调科学方法的重要性，他经常播放一段简短的电影片段，讲述一个成功或失败的科学实验。这些电影片段来自《亲爱的，我把孩子缩小了》(Honey, I Shrunk the Kids)、《摩登保姆》(Weird Science)、《惊异大奇航》(Innerspace)和《肥佬教授》(The Nutty Professor)等。在每次播放时，他都会说："科学是很有趣的，如果它无趣的话，好莱坞就不会拍那么多关于科学的电影。"

幽默的象征符号

一个比较保险的创造幽默的方法是，创建一个虚构的班级角色或符号，使其成为笑话和俏皮话的主题。在这种方法里，老师和学生都不是笑话的直接或间接对象。下面的案例描述了幽默的象征符号的使用。

兰卡斯特女士是一名美术教师。她向学生强调创造性自我表达的重要性，以及忠于自己的艺术愿景和个人希望与梦想的重要性。为了强调这一点，她创造了一个幽默的角色，并称之为"评论家"。她的教室里有一幅真人大小的评论家画像，画的是一个凶恶的、看起来有些滑稽的卡通坏蛋。新学年伊始，她会询问学生们最喜欢的艺术家，无论他们的职业领域是音乐、写作、电影还是视觉艺术。当学生们自愿推荐他们最喜欢的艺术家时，她会阅读对那位艺术家的评论。多年来，她收集了尽可能多的流行艺术家的评论，因此她发现自己几乎总是有备而来。她询问学生他们是怎么想的："将你对某某艺术家的看法告诉我们的评论家！"评论家成为一种象征——没有艺术家会喜欢，但所有的艺术家都需要提高自己的技艺。

练习2.3 表现出强烈的热情和幽默

在阅读了下面的每一个课堂场景后，确定以下哪一种策略可以用来表现热情，或者营造恰如其分的幽默课堂氛围。

热情

    A. 分享个人故事

    B. 传递语言和非语言信号

    C. 重燃教学热情

幽默

    D. 自嘲式幽默

    E. 有趣的标题或引语

    F. 电影片段或媒体

    G. 幽默的象征符号

1. 艾默尔女士是一名语言艺术教师，当她教授创造性写作时，她发现学生有时很难想出新颖的想法。为了帮助他们，她带来了一些学生可能从未看过的电影短片。有时这段视频是两个人之间的简短对话，有时是爆炸或外星人飞船降落在地球上。所有的片段剪辑在某种程度上都很幽默。他们必须使用剪辑片段作为叙事文的开头。她发现，如果给他们一个开始，尤其是一个他们自己都想不到的有趣的开始，学生们就会表现出丰富的想象力。

2. 德莫特老师告诉他的学生，他有一个虚构的兄弟，名叫利昂·斯旺金斯（Leon Swankis）。他给同学们讲了一些他和利昂的冒险故事。听起来利昂总是给德莫特老师惹麻烦。虽然有时候利昂的本意是好的，但通常情况下，德莫特听利昂的想法而不是按照自己的计划行事，总会遭遇不好的结果。每天下课的时候，他都会提醒他的学生："如果你遇到利昂，不要听他的！他会给你惹麻烦的！"一整年，他都发现学生们把利昂当作麻烦的象征，他们关于他的故事可能非常古怪和有趣。他们中的一些人遇到了利昂，虽然利昂试图让他们陷入麻烦，但他们不听他的。有时候，学生确实会发现自己遇到麻烦，不管是在课堂上、校园里，还是家里。如果学生和德莫特老师谈论这件事，他会问："利昂在吗？"这时学生通常微笑着点点头，肯定利昂就在那里。"我告诉过你，你不能听利昂的，你必须听你自己。"

3. 梅森是一名美术教师，她碰巧喜欢看魔术表演。当她在课堂上演示一种技巧时，她会模仿魔术师们夸张和戏剧性的手部动作。"表演"结束后，她伸出双臂说："哈哈！这就是魔法！"当学生们做得特别好，或者制作出他们真正引以为傲的东西时，她也会做同样的事情，用戏剧化的声音告诉他们，他们所做的一切简直就是魔法！

4. 斯塔尔老师教科学已经超过15年了。有时，教授相同或相似的内容会让人觉得枯燥。当他对教学缺乏激情时，他就会花时间阅读科学杂志，以及有关科学研究新进展和突破的文章。想想当今世界有多少科学发现，以及这些发现的结果是什么，会重新激发他教授科学的热情。

与学生建立积极的师生关系

师生关系是确保学生在课堂上感觉良好的关键。如果没有与老师建立牢固的关系，学生很难对"我感觉如何"这个问题作出积极的回应。如果学生觉得老师尊重并喜欢他们，他们就更有可能关注课堂内容。强大的师生关系中最有趣的一个方面是，他们是由行为和语言而不是思想和情感塑造的。换句话说，并不是老师对某位学生的想法和感受造就了他们之间积极的关系，而是老师与学生的交谈和行为方式传达了他们的尊重和接纳。通过确保公平公正地对待所有学生，对学生表现出兴趣和情感，识别和使用关于他们的积极信息，教师可以与每个学生建立积极的关系，并鼓励学生与他人建立牢固的同伴关系。

确保公平公正地对待所有学生

正如我们在第一章中所看到的，如果学生感到被同龄人排斥，他们很可能会脱离课堂活动。如果他们经历了长时间的拒绝模式，学生可能会对学校产生难以扭转的消极态度。虽然教师不能跟随学生，确保他们全天都得到公平和公正的对待，但教师有基本的法律和道德义务，确保他们的教室是所有学生都感到安全的地方。这通常意味着要抑制破坏性或伤害性的行为，让学生知道老师会为任何需要帮助的学生提供帮助。教师也有义务制止校园霸凌或伤害行为。如果一个老师听说，他的学生在另一个班上的朋友受到了欺负，那么这个老师有责任将此事告知相应的老师，并在他力所能及的范围内做任何其他事情来阻止他学生的朋友受到伤害。

制止校园霸凌的常见策略包括：

- 具体明确学校社会环境的积极和消极方面；
- 获得教职员工和家长的支持，培训员工学会预防校园霸凌；
- 制定并持续执行制止校园霸凌的规则和政策；
- 鼓励学生成为目击者，而不仅仅是旁观者；
- 为受害者提供支持。

除了确保学生的基本安全，教师还可以通过积极鼓励学生表现出对他们的尊重，帮助学生对课堂产生积极的感觉。从第一天上课开始，老师就应树立这样的目标：所有的学生不但要是安全的，而且要受到重视和尊重。《有效的课堂管理》指出了许多实现这一目标的方法。一种方法是制定一套适用于所有学生的基本权利，如：

- 所有学生都有权受到尊重；
- 所有教师都有权受到尊重。

如果时间允许，班级可以建立一个更广泛的权利列表。

通常，学生权利列表是在学年开始时制定的。一旦确定下来，教师和学生就要确保这些基本权利能在学期全年中得到执行。下面的案例描述了一位教师如何在课堂上保障约定的学生权利。

卡特老师在开学时与全班同学讨论了平等在课堂上的重要性。为了确保所有学生得到平等和尊重，他创建了一个权利和责任列表，张贴在教室前面。从和学生们的讨论中，他知道扬科和詹姆斯相处得不好。虽然卡特知道他无法随时控制学生的行为，但他希望尽自己最大的努力，确保学生在与他相处的时间里处于控制之中，并受到尊重。有一天，扬科病了，卡特老师听到詹姆斯告诉格雷丝她不应该和扬科做朋友，并开始谈论他为什么这么想。但是卡特老师制止了他："看看我们的权利和责任列表。看到你没有权利伤害或羞辱另一个学生那条了吗？"詹姆斯说这不算，因为扬科不在房间里。"这依然很重要，詹姆斯，"他说，"看看这段话，你没有权利说别人的闲话。"下课后，卡特老师与格雷丝交谈，确保她知道无论别人怎么想，她都有选择朋友的权利。

以下内容展示了建立在曼纽尔·史密斯（Manuel Smith）、罗伯特·阿尔伯蒂（Robert Alberti）和迈克尔·伊莫斯（Michael Emmons）研究基础上的权利列表。

- 我有权评价我的行为，有权对其负责，但我无权批评我的同伴的行为。
- 除非有人有危险，否则我有权选择是否帮助解决同伴的问题。如果同伴有危险，他可以找我帮忙，或找一个能帮忙的成年人。
- 除非我的行为伤害了别人，否则我有权改变主意。如果我的行为真的伤害了某人，我可以作出弥补。
- 我有权决定把谁视为亲密的朋友，我不必试图让每个人都喜欢我。
- 我有权感到安全；我没有权利让别人感到不安全。
- 我有权过一种没有流言蜚语的私人生活；我没有权利八卦或侵犯别人的隐私。
- 我是一个值得信赖的人，我尊重别人，我也有权得到别人的尊重。
- 我有权利谈论我的感受，只要我没有在这个过程中伤害别人或让别人难堪。
- 我有被倾听的权利。我的意见很重要，同伴的意见也很重要。
- 我有权在不感到内疚的情况下说"不"。没有人能强迫我做我不喜欢的事情，就像我不能强迫我的同伴做他们不想做的事情一样。

对学生表现出兴趣和感情

教师可以在许多方面和各种情况下，表现出对学生的兴趣和感情。同样重要的是，表现出兴趣和感情与老师对某位学生的感觉无关。相反，它与老师如何对待学生息息相关。老师可以对所有的学生表现出兴趣和感情，不管他对他们的感觉如何。

表现出简单的礼节

简单的礼节包括在门口问候学生，叫他们的名字，说"早上好"，等等。简单的礼节可能是一个强有力的信息，表示老师喜欢并接受学生。

眼神交流是另一种简单的礼节。这是一种微妙但有效的行为，例如，当宣布一个即将到来的舞蹈俱乐部会议时，老师可能会与他知道的喜欢跳舞的学生进行眼神交流。简单的眼神交流就能让学生知道，老师喜欢并接纳他。有一点值得注意的是，对于一些学生来说，眼神交流可能会让他们感到不舒服，甚至与他们被教导的尊重长辈的方式相反。与所有的策略一样，教师必须在课堂上调整他们的方法，以确保达到预期的效果。下面的案例描述了一位教师表现出的简单的礼节。

达尔内老师注意到，尽管卡桑德拉上课专心听讲，按时完成作业，但她似乎并不十分自信。为了鼓励她，达尔内老师在课堂上提问了她，尽管卡桑德拉没有举手。起初，她似乎不知道答案，但当达尔内老师保持与她的目光接触，而不是转向另一个学生时，等了一会儿，卡桑德拉就想出了一些非常接近正确答案的答案。达尔内老师给她积极的反馈，与她保持眼神交流，用面部表情给卡桑德拉微妙的暗示，在她的回答接近正确答案时，鼓励她。

使用身体接触和肢体动作

有时，微妙的身体接触可以用来表示兴趣和感情。例如，当学生理解了过去一直在挣扎的事情时，老师可能会拍拍他的背。当然，身体接触应该注意每个学生的年龄、性别和文化差异。对一个学生看起来合适的东西，对另一个学生可能不合适。例如，小学老师可能会通过触摸学生的头部来表示对学生的认可，而高中老师可能会通过握手或击掌来表示认可。

老师也可以用肢体动作来表达对学生的感情。这些也是一种微妙而有效的交流方式，因为它们能让学生对自己和教室的气氛感到满意。表达爱意的肢体动作包括OK手势、竖起大拇指、眨眼、点头或微笑。例如，一个老师知道一个学生很难与他人交流和交朋友，那他可以吸引这个学生的目光，向他眨眼或竖起大拇指，以此鼓励他，让他知道他被接纳了。

老师们可以用身体上的亲近这种最微妙的行为来表达对学生的情感。一般来说，身体上的亲近传达的是关心和熟悉。例如，一位老师看到一个学生在某个问题或某个活动中苦苦挣扎，那老师可能会蹲在他旁边，鼓励他进行讨论。当然，这种情况并不适用于所有文化或所有学生。教师应注意确保他们使用的身体接触是适当的。下面的案例描述了一位教师是如何使用身体接触和肢体动作来展示对学生的兴趣和感情的。

弗雷斯特老师在大城市的一所小型非传统学校工作。他知道他的学生之前在其他学校过得很艰难。由于缺乏自信、遭遇学习障碍或被赋予低期望，他的学生在以前的课堂上常常被忽视。他想让他们知道，他们是有价值的,并且应该在课堂上对自己的学习负责。他所做的一件事就是在教学时与学生保持身体上的亲密接触。上课时,他不是站在教室的前排,而是在教室里的过道里走来走去,这让学生们知道,坐在后排并不意味着他们是隐形的。当学生回答问题时,他站得离他们更近,而不是站在教室的前面。他还会用鼓励的手势,让学生们知道,他们已经得到了他的充分关注,他相信他们能够正确地回答问题。当一个学生成功了,弗雷斯特老师总是和他击掌庆祝。

关注学生的需求和顾虑

老师可以通过关注学生的特殊需求来表达自己的情感。提供支持不仅是好的做法,而且是法律要求的。例如,教师当然需要支持视力低下或有学习障碍的学生,但学生也可能有更多的个人需求,教师可以注意到这些需求,并为之提供便利。一个因严重疾病或家庭成员死亡而辍学的学生,或者一个在学期中间转学来上课的学生,可能比其他学生多需要一点辅导或情感支持。为有这些需要的学生提供支持,会向所有学生传达一个信息,即老师关心他们的生活。

除了特殊的需要外,学生们还经常有个人的顾虑。传达对学生的感情的一个非常直接的方式是,仔细倾听这些担忧,然后作出回应。例如,一个学生可能因为一个即将到来的体育赛事表现得非常紧张。承认这些个体担忧,让学生知道,他们对老师来说很重要。下面的案例描述了如何使用关注学生需求和顾虑的策略。

阿尔瓦雷斯老师在上课的第一天注意到,学生弗兰克是一个非常有成就的运动员的弟弟。开学第一天,她通常会花些时间去了解班上的同学，询问他们的个人兴趣和成就。弗兰克说："每个人都认为我会像我哥哥一样打篮球，但我不这么认为。我喜欢画画和拍照。"他的这番话让阿尔瓦雷斯老师明白，弗兰克在学校里觉得自己被哥哥盖过了风头，所以在接下来的几周里，她努力在课堂上运用艺术和艺术家的例子。她也很小心地不在课堂上或私人谈话中把弗兰克和他的哥哥作比较。

识别并使用关于学生的正面信息

表达尊重和接纳的一个简单方法是，发现学生的一些积极方面，然后利用这些信息来规划教学。教师既要满足学生的兴趣，又要表达对特定学生的关心。对于那些可能有纪律问题的学生，或者那些看起来与班上其他同学或老师格格不入的学生来说，尤其如此。有组织地让学生分享兴趣和成就，与家长和监护人对话，与其他老师对话，这些都是学习和利用学生正面信息的好方法。

有组织地让学生分享兴趣和成就

课堂调查是众多突出学生正面信息的结构化方法之一。教师已经使用这一技巧几十年了，它可以提供丰富的信息来源。一般来说，课堂调查包括以下问题：

- 你最喜欢的电影是什么？
- 你喜欢读什么书？
- 你的一些爱好是什么？
- 你在学校最喜欢的科目是什么？
- 如果你长大后可以从事任何职业，你会做什么？

除了与学生的爱好、喜爱的电影等有关的问题外,学生还可以完成以下问题:

- 描述我的三个词是……
- 当……时学习是有趣的。
- 我喜欢……
- 我对……很好奇
- 有时我担心……
- 我喜欢……的人
- 真正挑战我的是……

例如,在第一天上课的时候,老师可能会在学生进入教室时给他们每人一张索引卡。上课时,她要求学生写下自己的名字和三本最喜欢的书或电影。此外,她还要求学生们写一两句话,谈谈他们在即将到来的学年里所期待的经历。

总的来说,学生彼此了解得越多,他们相处得就越融洽。老师所能做的任何帮助学生彼此熟悉的事情,都将有助于创造积极的课堂氛围。课堂讨论可以成为学生兴趣的丰富信息来源。当学生参与到对话中,他们提供的信息可以帮助建立积极的同伴关系,老师也可以用来指导他们感兴趣的话题,例如,一名教师发现一名学生的家庭来自斯里兰卡,那他可能会在教授有关政府部门的课程时,提供该国总统选举的信息。

抓住一切机会了解学生,让他们分享自己的兴趣和成就,不要局限于单一的课堂时间。马扎诺等人建议的了解学生的活动如下。

- 制定一个"炫耀"时间表,每周让不同的学生谈论一些关于自己的事情,展示一些照片或图片,或任何能让全班同学更多了解他的事情。

在这段时间里，任何学生都应该有机会宣布重要的事件或成就。

- 通过讲述个人故事、展示照片或证书，以及宣布你生活中的重要事件，让学生更好地了解你。
- 创建一个展示牌，学生可以用任何能代表他们优势的东西来装饰一张纸牌，比如一张获奖的科学博览会项目的图片或者一条蓝丝带。学生也可以使用贴纸或便利贴来祝贺或赞美同伴。他们还可以传达其他信息，例如感谢同学在作业上的帮助。

下面的案例描述了一位老师如何使用结构化的活动来了解更多的学生。

赫斯特老师宣布："这个周末我完成了我的第一项铁人三项比赛！"她一直在告诉学生她的训练情况，周五的时候他们祝她好运。她丈夫给她拍了一张冲过终点线的照片，她把这张照片放在办公桌上方的个人展示板上。上课前，她问："有没有人过了一个令人兴奋的周末？"比阿特丽斯说她家里的狗生了小狗，她也带了一张照片贴在展示板上。"照顾这些小狗很辛苦，但我真的很爱它们！"她说。最后，赛斯举起手说，他周末去看肯尼斯的棒球比赛，看到他打出了他的第一个本垒打。肯尼斯也在赫斯特老师的班上，但他是比较害羞的学生之一，所以他很感激赛斯认可他。

与家长和监护人对话

家长和监护人可以成为学生重要信息的来源。通常，家长和监护人会自愿提供孩子的信息，帮助老师更好地了解学生。教师可以使用这些信息与学生进行互动，以表明他们得到了支持和接纳。下面的案例描述了如何使用从家长和监护人处收集的信息。

在与拉娜的父亲通电话时，约翰逊老师得知拉娜患有糖尿病，她的血糖水平有时会影响她的精力和参与度。约翰逊老师对糖尿病一窍不通，他请拉娜的父亲给他介绍一下糖尿病的基本情况，如果他注意到拉娜上课注意力不集中或昏昏欲睡，他能对她说些什么或做些什么。过了一个星期，他私下告诉拉娜，他知道她的情况，如果她需要帮助，或者有什么困难，她随时可以来找他。

与其他老师对话

教师应该努力传达这样的信息——他们为学生感到自豪，对他们的成就感兴趣。通过其他老师也可以提供这样的信息，例如，一位指导演讲和辩论队的高中老师，可能会给学校里的其他老师发电子邮件，告诉他们校队最近赢得了一场全州锦标赛，并计划在华盛顿特区进行全国比赛。她可能会列出团队中每个学生的名字，这样老师就可以单独祝贺他们的成就。

正如老师可以提供关于学生的正面信息，他们也可以传播关于学生的负面信息。老师向同事抱怨学生的情况最常见。虽然教师对某些学生感到失望（有时甚至愤怒）是一种自然的行为，但向学校的同事抱怨学生并没有什么好处。在极端情况下，对学生的抱怨会给被贴上"麻烦制造者"或更糟标签的学生带来负面影响。当有老师抱怨某个特定的学生时，适当的反应是，用正面的评论来回应负面的评论。例如，一个老师可能会反驳说"那不是我和那名学生的经历。我觉得她很有趣"或者"我认为我们应该假定她是无辜的。我知道她遇到了一些困难"。这么做需要

第2章

勇气，因为它可能会引起抱怨的老师的负面反应，但这是正确的做法。

下面的案例描述了一个老师从其他老师那里了解一个学生的故事。

赵老师和汤普森老师在同一所学校教书，并且已经是很久的朋友了。在课间休息时，他们会讨论他们的课堂情况。

"我的大多数学生都很好，但比利快把我逼疯了。"汤普森老师说。"他太懒了，态度最差。珍妮特老师去年教了他，也说了同样的话，那孩子一年到头都是个问题。"

"杰瑞德是比利的哥哥，对吧？"赵老师问道。

汤普森老师点了点头。

"我两年前教过杰瑞德。我承认，起初他很强硬。但是你知道他们的爸爸死于车祸吗？"

汤普森老师说，他之前并不知道这一点。

"他们两人都经历了一段艰难的时期。我和他们的母亲谈过几次话，我认为她对他们很粗暴，他们在家里得不到太多支持。比利可能不是故意想找麻烦。"

汤普森老师没有回应，这一幕在两位老师之间显得有些尴尬。然而，汤普森老师开始重新思考他对比利的看法。

他甚至和学校的篮球教练进行了谈话，教练告诉他，比利实际上是一个非常努力的人，他对很多事情充满激情。

练习2.4 与学生建立积极的师生关系

阅读下面的每一个课堂场景，确定其使用的是下面哪一种策略。请注意，在每个场景中，教师使用的策略都不止一种。

确保公平公正地对待所有学生

A. 学生权利列表

对学生表现出兴趣和感情

B. 表现出简单的礼节

C. 使用身体接触和肢体动作

D. 关注学生的需求和顾虑

识别并使用关于学生的正面信息

E. 有组织地让学生分享兴趣和成就

F. 与家长或监护人对话

G. 与其他老师对话

1. 布里格斯老师通常有机会在"父母之夜"与学生的家人交谈。然而，罗德尼的母亲那天晚上没有参加活动，因此布里格斯老师在罗德尼的母亲在家的时候给她打了电话。她告诉他，罗德尼最近被诊断出患有阿斯伯格综合征，虽然他们正在尽一切努力帮助他，但他在学校的社交生活仍然有些困难。"他喜欢数学，"她说，"他也喜欢下棋。任何类型的谜题都使他着迷。"得知这个消息后，布里格斯老师就开始关注罗德尼了。有时他和罗德尼进行眼神交流，这样罗德尼就知道自己和其他学生一样重要；有时他们一起吃午饭，做拼图游戏。当一位老师决定成立一个象棋俱乐部时，布里格斯老师和罗德尼交谈，鼓励他加入。他还每周与罗德尼的母亲交谈一次，了解最新情况，看看他还能帮上什么忙。

2. 当学生们走进教室时，像每周一那样，兰迪斯老师逐一问候他们之后，问他们是否有任何想要改变的个人资料。个人资料会在教室进行展示，包括每个学生的照片、兴趣爱好、宠物、朋友或其他他们认为重要的东西。在花了几分钟的时间让学生添加或更改他们的个人资料后，他们会被分成小组继续进行一项班级活动。兰迪斯老师在教室里来回走动，观察进展情况，当学生有问题或意见时，她蹲在他的椅子旁与他谈话。她发现，如果她离学生更近一些，和学生保持水平的目光接触，那些说话比较温和的学生会更开放一些。

3. 在寻找有关他的新学生的信息时，海姆老师问另一位老师关于一个叫李的学生的情况。另外一位老师说李是一个恶霸，可能会试图伤害其他学生。在与李的一次私人会面中，海姆老师请他分享一下自己的一些情况。李告诉海姆老师，上个学年是他在这所学校的第一个学年，他过得很艰难。海姆老师问为什么，李说是因为他搬到这里的时候谁都不认识。在他的家乡，孩子们都不喜欢交朋友，也很少受到尊重。"我不认为这里是那样的，"李说，"但我花了一段时间才弄明白，现在大多数孩子都怕我。"海姆老师告诉李，他会尽他所能帮助李结交一些朋友，之后他会和最初与他交谈的老师分享他的谈话。"他不是恶霸，"海姆老师说，"他只是不知道如何融入。他以前学校的规章制度在这里不适用。我认为在做出假设之前，我们应该给他一个机会。消极的假设只会让他的生活更加艰难。"

4. 巴拉德老师是一名体育教师。在学年的开始，她喜欢发起一个班级讨论，问学生最喜欢的运动是什么，想学什么类型的游戏和运动。在这一年的课程中，她试着尽可能多地满足学生的要求，并让提出要求的学生在课程中提供帮助。她用举手击掌的方式来鼓励她的助手和其他学生，有时还使用她和学生们精心设计的握手动作。

5. 富恩特斯老师从盖奇的母亲那里得知，与盖奇关系非常密切的祖父最近去世了。富恩特斯老师知道，盖奇在学校不想过多谈论这件事，但他想让盖奇认识到老师知道自己正在经历一段艰难时期。当富恩特斯老师在走廊上或者上下课遇见盖奇的时候，他会把手放在盖奇的肩膀上，给他一个微笑。

自我评估测试

在这一章中，我们提供的五大类策略建议都会增加学生对"我感觉如何"这个问题作出积极反应的机会。掌握这些策略的一个步骤是，找出你在使用这些方法上面的优势和劣势。在表2-1中，我们提供了一个自我评估量表，其中涵盖每个类别中的所有策略。

自我评估量表有5个值——0到4分。0分（不使用）表示你从未使用过此策略，甚至没有意识到它。得分为1（开始）表示你已经使用了此策略，但没有正确地使用。得分为2（发展）表示你使用该策略时没有明显错误，但只是机械式地使用。在使用某项策略之前，你必须思考如何执行该策略。得分为3（应用）表示，你使用该策略时无需考虑过多，并且总是能监控其工作情况，根据需要进行调整。最后，得分为4（创新）意味着你非常了解这个策略，你已经开发了适合自己的版本。在每个策略上给自己打分，以确定你需要改进或者保持的地方。

表2-1 第二章自我评估量表

	0 不使用 我从不使用这种策略	1 开始 我有时用这个策略，但我认为我用得不对	2 发展 我使用这个策略，但我只是机械地使用	3 应用 我使用这个策略，并监控它的工作情况	4 创新 我非常了解这个策略，所以我创建了适合自己的版本
保持课堂节奏的平衡					
管理任务	0	1	2	3	4
进行转换	0	1	2	3	4
安排课堂作业	0	1	2	3	4
呈现新内容	0	1	2	3	4
带领学生将身体运动融入课堂					
提升精力的运动	0	1	2	3	4
进一步理解内容的运动	0	1	2	3	4
适合整个班级或学校的运动	0	1	2	3	4
展现对所教授内容的专注和热情					
分享个人故事	0	1	2	3	4

续表

	0 不使用 我从不使用这种策略	1 开始 我有时用这个策略，但我认为我用得不对	2 发展 我使用这个策略，但我只是机械地使用	3 应用 我使用这个策略，并监控它的工作情况	4 创新 我非常了解这个策略，所以我创建了适合自己的版本
传递语言和非语言信号	0	1	2	3	4
重燃教学热情	0	1	2	3	4
营造恰如其分的幽默课堂氛围					
自嘲式幽默	0	1	2	3	4
有趣的标题或引语	0	1	2	3	4
电影片段或媒体	0	1	2	3	4
幽默的象征符号	0	1	2	3	4
与学生建立积极的师生关系					
确保公平公正地对待所有学生	0	1	2	3	4
对学生表现出兴趣和感情	0	1	2	3	4
识别并使用关于学生的正面信息	0	1	2	3	4

小 结

本章首先简要讨论了专注力和参与度研究模型中的第一个问题"我感觉如何"。如果学生精力不足，感到无聊、沮丧，被老师、同伴拒绝，那他们很可能不会参与课堂活动。如果老师没有引起学生的注意，那他所讲的内容将很难进入学生的工作记忆或永久记忆。教师可以保持课堂节奏的平衡,并将身体运动融入课堂,帮助学生感到精力充沛;他们还可以表现出强烈的热情和幽默感,帮助学生感到兴奋。最后,为了帮助学生感到被接纳和被重视,他们可以建立与学生的个人关系,并在一个公平和具有支持性的课堂氛围中,帮助学生培养积极的同伴关系。

第 **3** 章

我感兴趣吗

如第一章所述，学生在课堂上的专注力程度，不仅取决于他们的感受，还取决于他们的兴趣水平。换句话说，就是学生能否肯定地回答"我感兴趣吗"这个问题。在这一章中，我们思考了四种激发学生兴趣的策略：（1）利用游戏激发学生的情境兴趣；（2）发起友好的争论，帮助学生深入课堂；（3）提供让学生备感意外的有趣课外信息；（4）采用回应率更高的方式进行提问。

利用游戏激发学生的情境兴趣

游戏和无关紧要的竞争有助于激发和维持情境兴趣。游戏应该始终以学术为中心。保持这种关注点的一种方法是，围绕相关词汇表组织游戏。每场游戏结束后，老师都会带领学生简要回顾他们认为最具挑战性的词汇。无关紧要的竞争可以伴随游戏而来。顾名思义，这种竞争只是为了好玩。学生被组织成特殊的小组，持续合作一节课或一个学习单元。在这一年里，学生们不断地被重新组合。这样，所有的学生都会经历输赢。分数是用来确定获胜队伍的，但不用于提高或降低学生的考试成绩。

在这里，我们思考两类游戏和无关紧要的竞争：(1) 词汇游戏；(2) 将问题转化为游戏。

词汇游戏

在《课堂词汇游戏》(*Vocabulary Games for the Classroom*) 一书中，卡尔顿和马扎诺确定了13种不同类型的游戏，几乎可以适用于任何科目或年级。其中，关于"哪个不属于"和"问题是什么"两个游戏的更详细描述就可以在本书中找到。

"哪个不属于"这个游戏适用于所有年龄段的学生。学生使用他们的词汇和短语知识来发现一组术语之间的相似性和不同点。教师可以事先准备几组词，每组包含三个在某种程度上相似的词和一个不同的词。在游戏日，学生们可以独立学习，也可以分组学习。教师一次展示一组词，学生有一定的时间来挑选不属于其中的词并写下原因。这个游戏可以是正式的分数游戏，也可以是非正式的，对此并没有严格的规定。

"问题是什么"最适合年龄较大的小学到高中的学生。它是模仿《危险边缘》(*Jeopardy!*) 这个问答游戏设计的，能够帮助学生学会合作，并测试他们掌握术语和理论知识的情况。老师准备一个相关类别的游戏板，并创建游戏项目，来测试学生在这些类别中所掌握的知识。每个项目都是以问答的形式出现的，学生必须以问题的形式给出他们的答案。学生可以独立学习，也可以分成小组，就像冒险一样。选择一个学生或小组来进行一个类别的游戏，任何正确回应的人都有机会接着进行下一个游戏。

将问题转化为游戏

除了词汇游戏，任何一组关于特定话题的问题，都可以变成一个特别的游戏。例如，作为数学课的一部分，老师可能会设计四道选择题。在提问之前，老师把学生分成同样人数的小组。每个小组都有一分钟的时间来给自己命名。老师提出问题后，小组成员进行一分钟的讨论，得出正确答案，并记录在纸上或白板上。当老师示意时，每一组学生举起自己的答案。老师在黑板上记录下选择出正确答案的小组。在所有四个问题都提问完之后，总分最高的小组获胜。

下面的案例说明了教师如何利用游戏激发学生的情境兴趣。

德林格老师正在教授有关厄尔尼诺现象的课。她准备了有四个选项的选择题，在整个课程中向全班学生提问。在开始上课时，她把班级分成四个人数相等的小组。在指定的一分钟后，每个小组想出了一个名字，德林格老师把四个名字写在黑板上。它们分别是：动画师、粉碎南瓜、足球队和风化高度。

给小组命名之后，她开始上课。简要概述了厄尔尼诺现象是什么后，她停下来问第一个问题："厄尔尼诺现象是如何影响秘鲁的渔业发展的？（A）厄尔尼诺现象对渔业发展有帮助，因为它能带来鱼类交配时喜欢的温暖海水；（B）厄尔尼诺现象对渔业发展无益，因为它带来的温暖海水里，没有鱼类生存所需的营养；（C）厄尔尼诺现象对渔业发展没有影响，但对旅游业有影响；（D）厄尔尼诺现象有损渔业发展，因为它带来了温暖的海水，吸引了更大的掠食者，而这些掠食者又反过来吃掉了该产业所依赖的鱼。"

每组花一分钟来决定他们认为哪个答案是正确的。当德林格老师发出示意时,每组中的一个成员拿着一张纸,上面写着商定好的答案。动画师和风化高度小组都选择了D作为答案,而粉碎南瓜和足球队小组都选择了B。在每个小组解释了答案背后的逻辑之后,德林格老师透露,正确答案是B,并给两个正确的小组每组一分。她说:"每个人似乎都明白,厄尔尼诺现象会带来更温暖的海水,从而损害渔业,所以这很好。"

她继续上课,又停顿了三次,问问题和奖励积分。下课后,动画师队得了两分,粉碎南瓜队有一分,足球队有四分,风化高度队有三分。"祝贺足球队,你们做得很棒!"德林格老师说。当学生们走出教室时,她注意到,他们正在谈论这堂课,并互相挑战,准备再来一场比赛。

练习3.1 利用游戏激发学生的情境兴趣

1. 为什么课堂游戏能提高专注力?
2. 如果许多学生在课堂游戏上做得很差,老师该怎么做才合适?
3. 你过去使用游戏的方式有哪些?

发起友好的争论,帮助学生深入课堂

争论既能激发情境兴趣,又能维持情境兴趣。一般来说,当人们表达相反的观点时,他们就会投入其中。正如我们在第一章中看到的,当组织得好时,争论可以激发学生深入钻研内容,即使是在课余时间。

教师在组织课堂上的争论活动时,应注意避免讨论过于激烈,可以通过建立以下交互规则来实现这一点。

- 即使你很想说点什么，也要在别人说话的时候倾听，然后等着轮到你。
- 你可以批评想法，但不能批评人。
- 当别人说话时，试着倾听并理解他们在说什么，为什么他们认为自己的观点是正确的。
- 当你陈述你的观点时，试着提供证据或理由。

上述这些注意事项指出，争论不可避免。事实上，友好的争论活动的目的，应该是给学生留下一些没有固定答案的问题，让他们寻求更多的信息。在这里，我们思考了五种进行友好争论的策略：(1)课堂投票；(2)辩论模式；(3)市政厅会议模式；(4)法律模式；(5)立场分析。

课堂投票

也许帮助激发友好争论的最简单策略是发起集体投票。在这里，老师只要求学生就某个问题投票。然而，在投票前后，学生们都会讨论各种立场的优点。这个讨论鼓励学生仔细思考他们的立场，并随着更多信息的披露，而改变他们的想法（和投票）。这样，选票就不是用来决定胜负的。例如，一位中学经济学老师可能会要求全班学生投票决定美国是否应该从所得税改为统一税。在第一次投票之后，全班同学将讨论每个立场的优缺点，然后老师可能会发起另一次投票。下面的案例描述了如何使用课堂投票。

在读完《杰克和魔豆》(Jack and the Beanstalk)的故事后，唐纳森老师要求全班同学投票决定，鉴于巨人的刻薄和威胁，杰克偷了竖琴和鹅是否合适。当学生投票后，他要求投票者解释他们的理由。他们在课堂上讨论了在某些情况下，通常意义下的道德错误行为是否可以被认为是正当的。之后，全班再次投票，邀请学生再解释他们为什么改变或维持他们的投票。

辩论模式

为了激发友好的争论，老师们也可以关注辩论。正式辩论有几种形式，但最常见的是林肯-道格拉斯辩论模式。它具有以下四个特点。

1. 林肯-道格拉斯辩论模式旨在鼓励学生，使用证据、逻辑和有说服力的技巧，来有效地辩论有争议的观点。

2. 教师选择两个小组，来辩论某一特定政策或问题的对立方面。通常一方支持政策，而另一方反对政策。

3. 每一方都有机会进行开场辩论，反问对方，并提出反驳。

4. 每个小组在辩论后评估小组表现，每个学生作为小组成员评估自己的表现。

辩论模式可以在多种情况下使用。例如，一位科学教师可能会就动物园的优缺点进行辩论；一位艺术教师可能会就为支持艺术和艺术家而花费税款的利弊进行辩论。下面的案例描述了如何在课堂上使用辩论模式。

卢卡斯老师是一名中学社会研究教师，她正在教授一门关于美国公民权利和责任的课程。她希望学生理解这些权利和责任，同时也明白这些事情与他们的生活如何相关。她希望，他们在涉及政府的问题上有更多的责任感。她从之前的课堂讨论中得知，他们对投票和服兵役等法律的最低年龄要求特别感兴趣。她决定根据林肯-道格拉斯辩论模式组织一次班级辩论。

首先，她将班级分成两组：一组讨论最低投票年龄，另一组讨论最低服兵役年龄。她给学生们分配每个问题积极和消极的方面，确保每个小组都是由班上一些比较直言不讳的学生和一些比较保守的学生组成的。学生加入他们的小组（总共有四个小组）后，她向学生解释林肯-道格拉斯辩论模式。卢卡斯老师还为所有团队提供了一份可供使用的资源清单和一些技巧，比如准备好接受对方团队的交叉询问，说话清晰而缓慢可以更吸引观众。她还明确列出了在辩论中他们将被评估的内容。

在辩论日，卢卡斯老师担任主持人，学生们就这两个问题进行辩论。每次辩论结束时，由没有参与辩论的学生投票，选出最有说服力的队伍。

第二天，学生们有机会反思自己和团队的表现。他们列出了他们认为成功的地方，以及在下一场辩论中他们会做的不同的事情。

市政厅会议模式

市政厅会议模式具有以下四个特点。

1. 目的不是赢得辩论，而是试图鼓励学生从多个角度来看待一个复杂的问题。

2. 老师和班级为会议创造角色。老师指定每个学生或一组学生扮演一个角色。这个角色是源自那些最有可能对某个问题有强烈看法的人，或者最有可能受到新政策或现有政策变更的影响的人。

3. 学生参与老师担任调解的公开讨论。在讨论的过程中，学生们从各自的角色立场出发进行辩论。

4. 学生参与汇报。简报的目的是，让学生评估自己的表现，以及整个讨论。

下面的案例描述了如何使用市政厅会议模式。

吐温老师是一名高中教师,她希望她的学生从多个角度来看待复杂的、有争议的问题,并与那些持不同观点的人进行有效的沟通。为此,她以土地征用权为主题,创建了一次市政厅会议活动。

首先,她说明了学生们将在市政厅会议上被评估的具体学习目标,并展示了有效和无效市政厅会议的视频作为模型。其次,吐温老师提供了一套土地征用权的背景资料和它被使用的具体情况,并用一节课的时间让学生熟悉这个问题。一旦学生有时间去消化信息包中的信息,全班同学就会一起为市政厅会议的参与者精心设计特定的角色,也就是说,他们会想象出关于该倡议的最广泛的争论范围。这些角色包括一个负责强制征用土地的政府代理人、一个被迫出售财产的普通公民、一个将因支持出售财产受益的公民,以及一个不同意这一决定的公民,尽管他将从中受益。在接下来的几天里,学生们研究他们的角色,并精心构思他们的立场和论点。

在市政厅会议当天,吐温老师充当调解员,鼓励学生们扮演指定的角色。学生提出他们支持或反对征用权使用的论点。市政厅会议持续90分钟,之后(第二天上课时)学生们将参加会议汇报。在汇报中,学生们讨论哪些进展顺利,哪些不顺利,重点放在最初提出的学习目标上。他们也会从与自己不同的角度来讨论他们的争论感受。

法律模式

法律模式具有以下四个特点。

1. 法律模式旨在鼓励学生批判性地研究法院判决如何影响政策。它还试图鼓励学生根据文本证据形成观点或提出论点。

2. 每名学生在讨论前都要填写一张单子，以确保学生了解最高法院每一位大法官在此案中的论点。单子上概述了每位最高法院法官就正在研究的案件提出的基本论点。讲座期间，学生须随身携带此单子以作参考。

3. 老师用试探性的问题举行一次课堂讨论会。问题可以集中在事实、观点或想法上，但所有的问题都要求学生参考他们的单子和法庭案例文本。

4. 讲座结束后，同学们汇报并评估自己的表现，以及小组表现。

下面的案例演示了法律模式在课堂上的使用。

帕克老师是一名中学社会研究教师，他希望学生能够对美国最高法院的细微差别，以及大法官裁决的影响，有一个前后一致的理解。他向学生介绍了菲纳诉纽约最高法院案。在该案中，最高法院调查了言论自由是否保护在街角发表煽动性政治言论的人。在熟悉案件之后，学生们将被分配一张单子，他们需从中辨认最高法院九名大法官的基本论点。此外，帕克还将他们分成几组，讨论此案的基本事实及其向最高法院提起的诉讼。

当他们的单子完成后，学生们就围成一圈，参加一个研讨会，即在学生们已经熟悉的特定规章制度的指导下进行的小组讨论。主要的讨论包括，利用法庭案件的文本以及他们的单子来回答具体的、探索性的问题，例如："第一修正案经常在法庭上受到质疑。你认为这是为什么？在你的答案中使用法庭案例文本。"帕克老师还询问了此案的最终裁决，以及该裁决如何影响了我们目前对第一修正案的解释。有些问题需要有关案件的信息，有些需要意见、想法，但每个问题都要求学生直接参考法庭文本。研讨会结束后，学生们将参加一个汇报会，根据帕克老师在课程开始时提出的学习目标，评估自己的表现以及小组的表现。下课后，学生们把他们的单子交给帕克先生，以便之后进行评估。

立场分析

在视角分析中，学生仔细检查他们对某一特定问题的观点，以及这些观点背后的逻辑。此外，学生们思考的是一种对立的立场及其背后的逻辑。马扎诺确定了一个教师可以向学生介绍立场分析方法的正式流程：

1. 在有争议的话题上表明你的立场；
2. 确定你立场背后的理由；
3. 确定一个相反的立场；
4. 描述反对立场背后的理由；
5. 当你完成时，总结你所学到的。

他们也可以将这个过程以一系列问题的形式呈现给学生：

- 我对此有什么看法？
- 我为什么相信？
- 看待这个问题的另一种方式是什么？
- 为什么其他人会持有不同的观点？
- 我学到了什么？

下面的案例描述了立场分析在课堂上的应用。

伊波利蒂老师的语言艺术课程一直在研究，如何在说服性写作中使用研究方法。她注意到，一些学生在过去的一篇文章中引用了维基百科的内容。她决定进行立场分析，以解决维基百科是否是一个有效的研究来源的问题。"你们是怎么想的呢？"她问，"有效的研究来源的标准是什么？维基百科上的所有文章都符合这些标准吗？"

在学生们有时间讨论这个问题并形成意见之后，伊波利蒂老师用立场分析策略带领全班学生分析问题。学生首先独立完成问题，阐明自己的观点，并以书面形式回答问题。接下来，她邀请学生们进行课堂讨论，在讨论过程中，学生们用语言表达他们的观点及其理由。许多学生认为，维基百科是一个有效的资源，因为所有条目都包含参考列表。另一些人则认为，由于任何人都可以修改条目，而且网站没有受到严密监控，维基百科不是一个有效的来源。

接下来，对立双方的学生两人一组，总结他们听到的双方的问题。最后，学生们思考讨论他们的观点可能发生的任何变化。具体来说，他们被要求与持相反观点的人坐下来，讨论和总结两种观点的影响。

练习3.2 发起友好的争论，帮助学生深入课堂

1. 比较辩论模式、市政厅会议模式和法律模式的定义特征。
2. 与本节描述的其他方法相比，立场分析方法有什么独特之处？

提供让学生备感意外的有趣课外信息

有趣的信息几乎总能引起学生的兴趣。鉴于人类天生的好奇心，在特定的内容领域中，不典型的课外信息可以帮助吸引学生的专注力。例如，在人体科学的学习课堂上，哪个学生会对类似"膝跳反射"的学习内容不感兴趣呢？

教师可以使用许多资源来发现有趣的信息。以下是一些有用的网上资源。

- 《纽约时报》（www.nytimes.com）。这个网站可以为科学、社会研究和语言艺术课程寻找有趣和最新的信息。
- 联邦卓越教育资源（http://free.e.gov）。该网站有专门针对教育的资源。它提供语言艺术、数学、科学和社会研究等学科的信息和教育链接，此外还有图片和视频。
- 教育乌托邦（www.edutopia.org）。该网站面向教育工作者，提供有关教育热点话题、教育时事、新的或创造性的教学策略和想法的信息。
- 美国国家地理（www.nationalgeographic.com）。该网站有寻找新物种的信息、特别实用的有趣照片，以及与科学和社会研究相关的专题报道。
- 探索与发现（http://discovermagazine.com）。该网站提供关于健康和医学、大脑、技术、空间、人类起源、生活世界、环境、物理和数学的信息。它还提供有趣的文章和博客链接。
- 《科学日报》（www.sciencedaily.com）。该网站提供了关于科学领域最新研究或发现的有趣信息，比如健康和医学、古代物种、技术和数学等。
- 《科学美国人》（www.scientificamerican.com）。该网站提供关于空间、进化、能量和可持续性、心智和大脑、健康和医学以及技术的信息。它还包括来自《科学美国人心智》（Scientifc American Mind）杂志的文章和图片，以及各种博客链接。

- 历史频道（www.history.com）。该网站提供历史频道上的电视节目视频。其中许多节目，如《人死后的生活》，对地球和人类的过去、现在和未来以独特的视角进行诠释。该网站还包括"历史上的这一天"的事实和课程指南，帮助教师将网站上发现的信息与他们自己的课程计划联系起来。

- Trivia图书馆（www.trivia-library.com）。该网站提供了各种各样的小知识，教师可以创造性地将其应用到几乎任何内容领域。

- 《纽约客》（www.newyorker.com）。该网站提供各种主题的文章，并采访了相关的艺术家和政治家。

- 艺术与文学日报（www.aldaily.com）。该网站提供了许多关于艺术和时事的文章。

- 儿童星球（www.kidsplanet.org）。该网站提供儿童喜欢的动物信息，以及一些教师的教学计划。它还提供了一份世界范围内所有濒危物种的清单和基本情况说明。

- 儿童信息技术网络（www.kidsknowit.com）。该网站是一个"儿童学习网络"，专门面向学生用户。它还提供社会研究和科学信息的内容和链接。

- 美国国家航空航天局（www.nasa.gov）。该网站提供各种与空间有关的信息，包括有关美国国家航空航天局历史的信息，过去和现在的航天飞机、空间站和飞行任务的信息技术和航空信息，以及有关地球、太阳系和宇宙的信息。

此外，教师可以使用以下书籍寻找可供课堂使用的有趣信息。
- 理查德·申克曼（Richard Shenkman）的《美国历史上的传说、谎言和珍贵神话》(Legends, Lies, and Cherished Myths of American History)。这本书揭露了我们常误认为是事实的与美国历史有关的流行观念。例如，历史上许多著名人物的艺术肖像，如克里斯托弗·哥伦布和约翰·哈佛都是虚构的。在哥伦布时代，没有人画过哥伦布的肖像；著名的约翰·哈佛雕像是在他死后以一位学者模样的绅士为蓝本，而不是约翰·哈佛本人创作的。
- 理查德·申克曼的《世界历史上的传奇、谎言和珍贵神话》(Legends, Lies, and Myths of World History)。这本书揭露了我们常误认为是事实的与世界历史有关的流行观念。例如，温斯顿·丘吉尔并不是一位受欢迎的首相候选人。事实上，他得到这份工作的唯一原因是，最受欢迎的候选人（哈利法克斯勋爵）拒绝了此工作。
- 肯尼思·戴维斯（Kenneth Davis）的《地理知识不嫌多：你需要了解但从未学到的有关世界的一切》(Don't Know Much About Geography: Everything You Need to Know About the World but Never Learned)。这本书把有趣的历史事实与地理联系起来，回答了许多稀奇古怪的地理问题。例如，它解释了美国50个州的名字来源。有趣的是，内华达州是美国最干旱的州，但内华达却来自西班牙语，意为"白雪覆盖"。
- 《乔博士和你不知道的：177个有趣的关于日常生活化学的问题和答案》(Dr. Joe & What You Didn't Know: 177 Fascinating Questions & Answers About the Chemistry of Everyday Life)，

乔·施瓦茨（Joe Schwarcz）著。这本书回答了关于日常科学的各种问题，比如"什么是嗅盐"。嗅盐严格来说是碳酸铵。它们实际上没有药用价值，也不再用于医学领域，然而，烘焙师仍然在饼干中使用嗅盐作为发酵剂，因为碳酸铵在加热时会释放气体。

•《拿破仑的纽扣：17个改变历史的分子》(Napoleon's Buttons: 17 Molecules That Changed History)，作者佩妮·勒·库图（Penny Le Couteur）和杰伊·伯雷松（Jay Burreson），2004年出版。这本书以幽默的方式把科学和历史融为一体。例如，拿破仑军队中所有士兵的纽扣都是锡做的。当锡遇到俄罗斯冬天极低的温度时，纽扣就会碎成粉末，因此士兵们需要双手裹住衣服。这使得战斗非常困难，也可能是导致法国军队溃败的一个主要因素。

如前所述，老师可以在课堂上利用如此多的资源来寻找有趣的课外信息。附录C列出了一些资源，从中可以获得涉及数学、科学、语言艺术和社会研究等领域的一些信息。

教师可以通过多种方式利用有趣的课外信息激发课堂专注力。在这里，我们思考介绍课程、让学生研究和收集有趣的事实、邀请嘉宾演讲这三种方式。

介绍课程

下面的案例描述了如何使用意外有趣的课外信息来介绍课程。

雷耶斯老师是一名小学科学教师。他在介绍一个关于太阳系的课程时，告诉他的学生太阳系很奇怪："当你打开炉子上的燃烧器时，燃烧器会比它发出的热量热得多，对吧？毕竟，如果你把你的手放在火炉上方几英寸的地方，你不会受伤，但如果你触摸它，你将被严重烧伤。你怎么知道太阳不是那样运行的？太阳的表面只有6000摄氏度左右，但是太阳周围的大气温度要高出几百万摄氏度。有人知道为什么吗？信不信由你，科学家也不知道！在这节课中，我们将思考热量是如何传导的。也许这能提供一些线索。"

让学生研究和收集有趣的事实

教师可以要求学生编写一个电子数据库，其中包含有关正在学习内容的不寻常或鲜为人知的信息。这个数据库可以是一种课堂上的多人协作的写作系统，学生可以将信息添加到列表中，并（在适当的情况下）纠正其中的一些错误。每一节课都可以传递关于学习内容的神秘而有趣的信息，供其他课堂上和未来的学生思考。例如，艺术课上的学生可能会收集许多艺术家采用不寻常或令人惊讶的材料进行雕塑的信息。下一学年，同一学科的学生可能会对前辈们发现的信息感兴趣，并受到启发，去寻找相关画家、摄影师或作家使用不寻常材料或灵感的事实。

创建历史文件是使用有趣课外信息的另一种方法。顾名思义，这一策略与历史信息一起使用，涉及探索与现在所研究的具体内容相关的事实的不同看法。例如，理科生可能会研究并记录太阳系的普遍模式如何随着时间而变化；健康课上的学生可能会收集关于"健康饮食"的定义如何随着时间而变化的信息。

下面的案例描述了学生如何收集有趣的事实。

几年前，奥利维尔老师开始以个人事业的形式收集她最喜欢的作家的信息，以及他们作品背后的想法和灵感。当她的班级正在阅读但丁的

《神曲》时，她的一个学生问她，比阿特丽斯是不是根据真人创作的。"没有人确切知道，但有证据表明，确实有比阿特丽斯这个人。"她说。但丁在他9岁的时候遇见了她，他一生都爱着她，尽管她嫁给了另一个男人。她24岁就去世了，此后但丁开始为她写诗。她发现她的学生在听到但丁是真正的单相思后，对这本书更加投入。作为一个实验，她决定让她的学生在阅读他们的下一本书《猫的摇篮》(Cat's Cradle)之前，收集关于作者库尔特·冯内古特(Kurt Vonnegut)的知识。一名学生发现，冯内古特和苏斯博士都是大学兄弟会的。另一项发现是，他与人合著了一本讲述耶稣诞生的名为《日月星辰》(Sun Moon Star)的儿童读物。学生们在一个多人协作的写作系统上收集信息，这样他们每个人都可以添加不寻常的事实，纠正语法错误或事实误解，甚至对其他学生发现的事实进行评论。奥利维尔的班级非常喜欢这个挑战，所以她决定保留这个数据库，用这个挑战来激发下一学年的学生的学习热情。

邀请嘉宾演讲

演讲嘉宾和第一手顾问是提供有趣课外信息的另一种方式。教师可以邀请嘉宾到课堂上来，他们可以就课堂上要讲的内容分享直接的经验。下面的案例描述了这种方法。

德赖弗老师知道，他的高中经济系学生对与日常生活相关的课程更感兴趣。他邀请《经济学人》的一名记者通过视频会议加入他的课堂，讨论最近的经济衰退现象。学生们准备关于经济衰退的原因和影响（长期和短期）的问题，并被鼓励向记者咨询未来可能发生的事情。有些学生问"什么是安全的投资"；有些人问"什么领域的学习将确保安全和成功的职业生涯"。一名学生想成为一名有抱负的画家,他想知道在不久的将来助学金和奖学金会发生什么变化。会议结束后,学生们将举行圆桌会议讨论他们所学到的知识,以及为什么经济状况与政治、历史、科学和艺术运动,以及他们自己的日常生活息息相关。

> **练习3.3 提供让学生备感意外的有趣课外信息**
>
> 1. 使用有趣的课外信息来吸引学生专注力的背后潜在动力是什么?
>
> 2. 如何利用有趣课外的信息,促进课堂参与和合作?
>
> 3. 你过去是如何利用有趣的课外信息的?你教授的特定主题是否可以使用有趣的课外信息?

采用回应率更高的方式进行提问

回答问题会占用学生的工作记忆。因此,提问能引起学生的注意。唯一问题是,一旦一个学生被要求回答一个问题,班上的其他学生可能会分散注意力,专注于其他事情。因此,如果提问活动是用来吸引学生的注意力的,那教师必须增加回答每个问题的学生人数。他们可以使用以下有效的提问策略。

随机提问

只要求学生举手是一种无效的做法,因为通常只有少数学生自愿回答老师提出的问题。而且学生容易误以为一旦有人举手，他们就可以放松下来，因为只有那些举手的人才负责回答问题。另一种降低回应率的模式是，教师通常只提问一组选定的学生。这种模式会向那些通常不会被点名的学生发出信号，即他们在被提问时不必回应。

相反，以一种明显随机的方式提问学生可以提高回应率，因为所有的学生都必须思考答案，即使他们可能实际上没有被问到。随机点名的一些策略包括：从帽子里抽出名字，把写有学生的名字的纸条保存在玻璃杯或罐子里，使用电脑技术随机抽取。无论老师使用哪种方法，如果学生知道老师在提问后会随机叫到任何学生，他们就更有可能在课堂上集中注意力。下面的案例演示了随机提问方法的使用。

朱莉娅正在上法语课，这不是她最喜欢的科目。她在发音上有困难，并且避免大声说法语，因为她觉得这很尴尬。不过，她擅长纸笔测验，因为它们涉及记忆，这对朱莉娅来说并不难。在过去，她取得好成绩的最好方法就是依靠试卷考试成绩，并在课堂上尽可能地保持安静和隐形。如果老师只看到她的试卷，那她就会取得好成绩，但如果他听到她在课堂上的发言，他对她能力的评价就会下降。不幸的是，她现在在法语课上保持安静并不容易，因为她的新老师在提问时，会不假思索地说出学生的名字，所以朱莉娅和其他学生一样，很可能会被点名。她决定必须在课后练习发音。

两人一组回应

提高学生回应率的一个简单方法是两人一组。有了这个策略，老师把学生组织成两人一组。当一个问题被提出时，学生首先两人一组进行讨论，这使得所有学生都能参与问题回答。小组合作和准备答案的时间是至关重要的，因为它可以帮助学生走向成功。当一对学生被随机点名时，老师可以让其中的一个学生把答案用语言表达出来，学生可以决定由谁来做发言人，或者每个学生可以贡献一部分答案。下面的案例演示了这个方法的使用。

  凡妮莎和科林今天在数学课上是搭档。琼斯老师在黑板上写了一个方程，要求每对学生一起来解它。他们有几分钟的时间来讨论这个问题，并提出解决办法。凡妮莎对自己的数学能力不太自信，所以通常当老师要求解一个方程时，她会假装能解出来，然后让别人来解答。但如果她有搭档，她至少要试着完成这个问题。规定的时间到了，琼斯老师点名凡妮莎和科林。凡妮莎把他们最终的答案用语言表达出来，但因为科林对这个答案更有信心，所以他用语言表达了他们的解题过程。经过几次方程式运算，凡妮莎发现自己的思路越来越清晰，甚至当琼斯女士叫她时，她能够用语言表达出她和科林是如何得出答案的。

创造等待时间

  创造等待时间指的是在提问过程中战略性的停顿。在提问之前等待，可以让他们有时间处理问题，并鼓励他们思考他们的答案，而不是冲动地回答。为了达到这个目的，老师会提前向学生解释，当一个问题被提出时，他们会有时间来思考他们的答案，在这段时间内不会有人被点名。教师等待的时间取决于问题的复杂性和类型。换句话说，当老师问一个简单的问题时，可以使用较少的等待时间；而当老师问一个复杂的或开放式的需要解释的问题时，可以使用更多的等待时间。

通过鼓励所有学生思考他们对问题的答案，老师更有可能提高回应率。换句话说，一个学生如果有一些时间来仔细调整自己的回答，那么他就比一个没有时间思考的学生更有可能给出正确的答案。

下面的案例描述了如何在教室里创造等待时间。

数学老师画出一组平行线和一条横线，并标出每个角。他问全班同学："谁能说出一对同位角？"相当多的学生举起了手，但德西蕾不在其中，她认为自己不知道答案。数学老师在叫人回答问题之前等待了一会儿。这给了德西蕾一个思考同位角定义的机会。经过思考，她意识到她知道同位角定义，并且可以把她知道的内容应用到这个问题上。当老师准备叫人回答问题时，德西蕾已经准备好并且有足够的信心举手。

构建回应链接

回应链接其实是说学生的"连锁"反应。老师先问一个问题，让一个学生回答，然后要求其他学生对该学生的回答作出回应。这种模式可以一直继续下去，不停地将一个回应链接到另一个回应。这种方法既适用于简单的问题（只有一个正确答案的问题），也适用于开放式的问题。

如果是具有简短答案的问题，学生可以用三种方式之一对另一名学生的答案作出回应：答案正确、部分正确或不正确。当一名学生认为前一名学生的回答是正确的，老师会让他解释，为什么它是正确的，或者在第一位学生的答案中添加信息。当一名学生认为前一位学生的回答部分正确时，他被要求解释，答案的哪一部分是正确的，哪一部分是错误的。当一名学生认为前一位学生的回答不正确时，他被要求提供正确的答案。例如，语言艺术老师可能会在叙事性文本的授课中，问一个关于因果关系的问题。在一名学生给出答案后,老师会随机提问另一名学生。这名学生可能会说,之前的答案部分是正确的,因为因果关系已经确定了,但是之前的学生没有注意到有不止一个原因导致了文中结果的出现。在确定了一个或多个其他原因后,老师会去提问第三位学生。

如果是开放式问题,学生回应的模式会稍有不同。学生不必首先说明答案是正确的、部分正确的还是不正确的,而是先总结上一位同学的回答,然后提出自己的想法,并解释原因。通过这种方式,学生可以倾听同伴的声音,处理他们的答案,并生成自己的答案。例如,一位社会研究教师可能会提出,一个第一世界国家是否应该避免卷入第三世界国家残酷内战的道德问题。在第一位学生回答之后,老师可能会再找一位学生。这名学生首先总结了他的同学的答案——因为人命的价值超过干预的成本,所以第一世界国家有责任帮助制止流血事件。然后他会继续说,他不同意这个答案,因为第一世界国家的干预实际上可能导致更多的流血事件。他进一步辩称,保护一个第一世界国家的金融安全,并不意味着其公民有权监督世界其他地区。然后老师会叫第三位学生继续这样回答。下面的案例描述了一个老师是如何在课堂上构建回应链接的。

夏洛特回答了一个问题"晶体是如何生长的"。利蒙老师问奥马尔,他是否认为夏洛特的回答是正确的。奥马尔说,他认为是部分正确的,利蒙老师请他解释原因。他说:"晶体确实是从含有大量溶解矿物质的水中生长出来的,所以她是对的。但它们也可以从熔化的岩石和蒸汽中生长。"利蒙老师问万斯,他对奥马尔的说明有何看法。他认为这是部分正确的,因为"晶体可以从熔化的岩石和蒸汽中生长,但只能在正确的条件下生长"。在三次回答之后,利蒙老师确保澄清了所有他认为不准确或不完整的地方。

班级集体回答

班级集体回答提高了提问的回应率，因为所有的学生都在一致地回答一个问题。教师应该保留这种策略，以备学生在处理特定信息，遇到明显困难时使用。例如，如果学生在解释某一原则时遇到困难，老师会对该原则做一个简短的解释，然后让他们以集体回答的形式重复解释。集体回答的目的，不是让所有学生都逐字逐句地学习内容，而是为了加深正确信息给学生留下的印象。下面的案例描述了集体回答在课堂上的运用。

阿什克罗夫特老师在完成演示后，会问学生们哪个原则在起作用。似乎没有人知道答案，所以她让他们都背诵这个原理"入射角等于反射角"。虽然很难确定是否所有的学生都参与了回答，但阿什克罗夫特老师能大致感受到学生的参与，至少所有学生都听到了正确的信息。

个人同时回答

虽然集体回答邀请全班参与，但并不保证每个学生都能参与，也不要求任何学生回答问题；虽然两人一组回应和构建回应链接的方法增加了回应率，但它们并不能确保整个班级的参与。个人同时回答采用投票形式，要求每个学生从许多可能的回答中进行选择。通过跟踪个别学生的回答和全班学生的总体回答，老师得到了有价值的反馈。这种反馈既针对学生（教师可以判断每个学生做得对的地方和不好的地方），也针对班级（教师能够了解整个班级的进展情况）。

个人同时回答的一个简单方法是使用手势。需要注意的是，当使用手势时，问题的答案必须可以被选择和表达。例如，如果一项选择题中有四个答案，学生可以竖起一根手指表示第一个选项，竖起两根手指表示第二个选项，以此类推。要使用这种技巧，教师首先要向学生提出问题和编号选项；然后给学生一些时间来思考问题的四个答案；最后，每个学生竖起他认为表示正确答案的手指。这种技巧在真/假问题中也很常见。例如，数学老师可能会问学生，毕达哥拉斯定理是否为$a^2+b^2=c^2$。几分钟后，认为这句话是真的学生竖起大拇指，而认为这句话是假的学生大拇指朝下。在每个学生回答完问题后，老师可能会让认为陈述是假的学生和认为陈述是真的学生解释他们的答案。最后由老师揭示并解释正确的答案。

答题卡也能同时引起所有学生的反应。要使用答题卡，老师必须为学生提供可重复使用的材料，如30厘米×30厘米的白板。学生使用这些白板，记录他们对老师提出的问题的回答。通常，教师为答题卡编写简短的选项。例如，西班牙语老师可能会说，"请把大象的西班牙语单词写下来"。每个学生都要把单词写在白板上，并在老师提示时拿给老师看。

使用个人同时回答的最简单和最全面的方法之一是使用电脑技术。这些电子设备可以让学生投票回答老师提出的问题。学生可以从多项选择中选择正确的或首选的答案，并将它们发送到与计算机相连的集线器上，随后答案会投射到教室前的投影屏幕上。虽然每个人都能看到答案的模型图，但哪个学生给了哪个答案并没有被识别出来。假设一位老师问了下面的选择题："埃拉特湾的珊瑚死了多少？"并提供了四个选项：（A）没有；（B）不到一半；（C）大约四分之三；（D）整个珊瑚礁现在都死了。然后，老师会要求学生使用投票装置作出回应。当所有学生都回答完后，老师会以图3所示的图形显示结果。

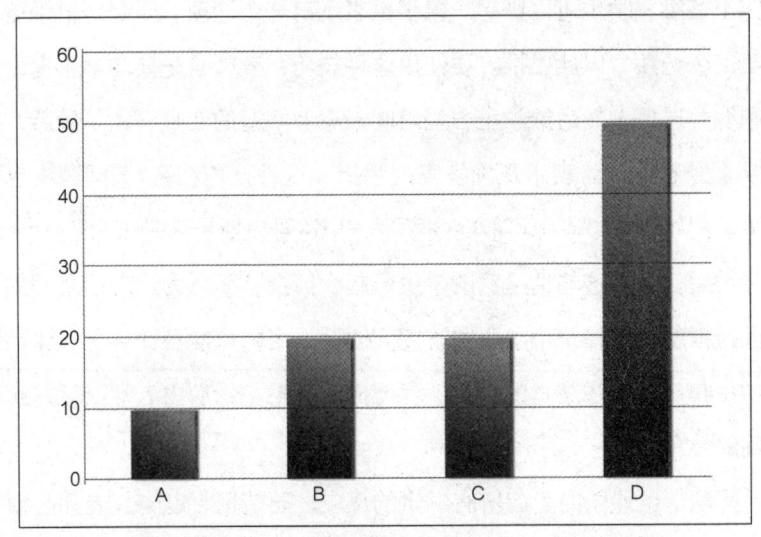

图3 投票结果显示

注意，图3中的条形图显示了学生选择每个选项的百分比。在这种情况下，50%的学生选择了D，20%选择了C，以此类推。它没有显示出每个学生的个体反应，因此学生不会感到尴尬。这种匿名性给学生一种安全感，让他们更有可能参与其中。

尽管这些设备主要用于回答选定的回应项，但也可以应用于开放式问题，以及衡量信心水平和态度的问题。这是特别有价值的，因为除了一般的投票显示之外，大多数互动技术都能让老师看到每个学生对任何给定问题的反应。这并不意味着学生会被挑选出来，因为只有老师才能获得这类详细信息。表3-1描述了如果老师给学生一个含有六个问题的小测验，那这种展示可能是什么样的。

表3-1第一列列出了学生的名字；第二列列出了每位学生在课堂上使用的设备；剩下的六列代表每位学生对这六项的回答。空白单元格表示学生答错了问题；选中的单元格表示学生正确地回答了问题。如表3-1所示，安吉拉·巴伯正确地回答了问题2和问题5，布瑞恩·贝诺蒂正确地回答了所有的问题，等等。这种类型的显示为老师提供了关于每位学生状态的大量信息。

除了图3和表3-1所示的特性外，许多技术现在还允许学生选择多个答案，甚至使用键盘生成并发送简短的答案。有了这类针对班级和学生的信息，教师可以做出任何必要的教学调整，也可以为每位学生制订个性化的计划。下面的案例描述了一位教师如何使用个人同时回答来进行提问。

沃尔什老师的小学课程一直致力于识别和扩展公式。他使用白板来展示一个相对简单的公式，并给他的学生一分钟的时间来思考它。然后，他问他们应该如何扩展该公式，并显示了四种不同的可能答案，分别标记为A、B、C和D。"使用你的投票设备，输入你认为正确的答案。"他给学生们更多的时间，然后匿名显示投票结果。"大家做得不错！"他说，"大多数人认为B是正确答案，但有些人给出了其他答案。在我告诉你正确答案之前，让我们仔细看看每个选项。"在解释了这个公式及其正确的扩展之后，他继续讲课，给全班同学布置了一个更难的公式，直到他发现只有少数学生得到了正确的答案。"你们做得很好，"下课后他告诉他们，"其中有一些题目是很难的。"下课后，他看着显示的结果，查看每个学生是如何回答的。这个显示器给他提供了有价值的关于每位学生学习进展情况的数据。他据此来计划下一节课的教授内容，并确保他能够为需要帮助的学生提供个人帮助。

表3-1 学生答案对与错的记录

姓名	投票设备	问题1	问题2	问题3	问题4	问题5	问题6
安吉拉·巴伯	A1		√			√	
布瑞恩·贝诺蒂	A2	√	√	√	√	√	√
格蕾丝·卡尔森	A3			√		√	√
卡莱布·卡索	A4	√		√		√	√
尼克·伊斯顿	A5		√		√		
雷德蒙·弗龙捷	A6		√	√	√		
撒母耳·海因里克	A7		√	√			
戴尔·霍佛	A8		√	√	√	√	√
贾斯汀·约翰逊	A9	√	√				
莱纳斯·柯克帕特里克	A10	√					√
哈里森·路易斯	A11						
特伦斯·马德	A12	√	√		√		√
胡安·马尔克斯	A13	√		√	√	√	
艾米莉亚·梅瑟	A14		√	√	√		√
路易斯·奥拉诺	A15	√		√	√		
芬恩·奥尔森	A16						
英迪拉·佩特洛娃	A17	√	√	√		√	
帕特里克·里根	A18	√	√	√	√		
爱奥娜·雷明顿	A19	√		√			
卡门·瓦加斯	A20	√	√		√	√	
卡罗来纳·瓦尔加斯	A21		√	√	√		√

练习3.4 采用回应率更高的方式进行提问

在阅读了下面的每一个课堂情景后,判断正在被使用的是下列哪一种提问策略:

A. 随机提问

B. 两人一组回应

C. 创造等待时间

D. 构建回应链接

E. 班级集体回答

F. 个人同时回答

1. 塞弗斯老师正在开设一门关于时事的社会研究课程,他想了解一下他的学生对自己国家和全球发展的了解程度。他准备了一些关于最近政治事件的问题。开始上课时,他按字母顺序分发投票器。当每个学生人手一个时,塞弗斯老师开始问他的第一个问题:"哪些人不是前美国总统奥巴马的内阁成员?是(A)希拉里·克林顿,(B)威廉·赖利,(C)珍妮特·纳波利塔诺,还是(D)拉姆·伊曼纽尔?"他给学生一些时间思考这个问题,并投票给他们认为正确的答案。当所有的投票结果都出来后,他向每个人展示了一张条形图,描述了全班学生是如何投票的。随着课程的进行,他会问更多的问题,每次都向学生展示结果,并解释正确答案。下课后,他会更深入地观察每个学生的个人反应。现在他知道,总的来说,他的班级对时事知之甚少,但有三四个学生似乎关心时政。

2. 帕尔默老师已经准备好了名单，以便在她的语言艺术课开始时给学生们配对。在课堂上，她会问学生一些关于他们正在阅读的书的问题，并给学生一定的时间来构思答案。在她的第一个问题"当雅各布第一次没有入选奥运会代表队时，他是怎么回应的"之后，她等了几分钟，然后提问了贾里德和肯德拉。贾里德说："他对此非常沮丧，于是他停止了训练，去他爸爸的餐馆工作。"帕尔默老师问肯德拉，在同样的情况下，她可能会作何反应。"我也会很难过。体操是一项传统的由非常年轻的运动员参加的运动。我可能也会停止训练，但我会去上大学，而不是为我爸爸工作。我可能会放弃竞技运动。"然后，帕尔默让另一组学生讨论雅各布的下一次奥运之旅的结果。在一名学生回答后，她问另一名学生，"想象如果雅各布最终进入了团队，但没有获得奖牌，那你会对雅各布决定继续他的探索有何感想"。

3. 达芬奇老师有四名学生对摄影的各个方面都很感兴趣，并且一直自愿回答他的问题，或者向全班展示他们在之前作业中拍的照片。尽管他很欣赏他们的热情，但他注意到，他的许多其他学生都不愿做志愿者，因为他们知道这四名学生会这么做。他制定了一项新政策作为回应。每节课开始的时候，他都会收集上次作业的照片，当他提问的时候，他会随机选择一张照片。拍照的学生被要求回答问题。他发现这样做也意味着他的学生拍的照片将更多地出现在课堂上。

4. 蒙特罗斯老师喜欢了解学生在考试前几天或几周学习时的自信

程度。如果他们自信，他们更有可能考得好，如果他们不自信，蒙特罗斯可以在考试前提供一些一对一的私人辅导。作为一天课上的最后一项活动，她问学生们对这个话题的理解程度："如果你认为自己理解得足够好，能在考试中拿到A，请竖起大拇指；如果你认为自己越来越好，但还没有为考试做好准备，就把大拇指平放；如果你觉得自己对这篇材料的理解还不够好，就将大拇指向下。"一旦他们表达了自己的感受，她就会在铃声响起之前提醒他们，她在上学前和放学后都有时间，可以提供额外的帮助。

自我评估测试

在本章中，我们针对四大类策略提出了各种各样的建议，所有这些建议都增加了学生对"我感兴趣吗"这个问题的积极回应。表3-2提供了类似第二章介绍的自我评估量表，你可以用它为自己评分。

表3-2 第三章自我评估量表

	0 不使用 我从不使用这种策略	1 开始 我有时用这个策略，但我认为我用得不对	2 发展 我使用这个策略，但我只是机械地使用	3 应用 我使用这个策略，并监控它的工作情况	4 创新 我非常了解这个策略，所以我创建了自己的版本
利用游戏激发学生的情境兴趣					
词汇游戏	0	1	2	3	4
把问题转化为游戏	0	1	2	3	4
发起友好的争论，帮助学生深入课堂					
课堂投票	0	1	2	3	4
辩论模式	0	1	2	3	4
市政厅会议模式	0	1	2	3	4
法律模式	0	1	2	3	4
立场分析	0	1	2	3	4
提供让学生备感意外的有趣课外信息					
介绍课程	0	1	2	3	4
让学生研究和收集有趣的事实	0	1	2	3	4
邀请嘉宾演讲	0	1	2	3	4
采用回应率更高的方式进行提问					
随机提问	0	1	2	3	4
两人一组回应	0	1	2	3	4
创造等待时间	0	1	2	3	4
构建回应链接	0	1	2	3	4
班级集体回答	0	1	2	3	4
个人同时回答	0	1	2	3	4

小　结

　　本章首先简要讨论了专注力和参与度研究模型中的第二个问题"我感兴趣吗"。如果学生觉得课堂上呈现的内容无聊或无关紧要，他很可能不会参加课堂活动，这是合乎逻辑的。然而，教学内容并不总是学生们感兴趣的。教师可以利用以教学内容为基础的游戏，将课堂上的问题转化为无关紧要的竞争，从而激发和保持学生的情境兴趣。通过使用结构化的模型，教师也可以在学生之间发起友好的争论，帮助学生深入课堂。让学生备感意外的有趣课外信息也能引起学生的兴趣，因为它能创造一种好奇心，并邀请学生填补可能缺失的部分。同样的，转换提问技巧会得到许多学生的回答（而不是少数），这让所有学生都参与进来。

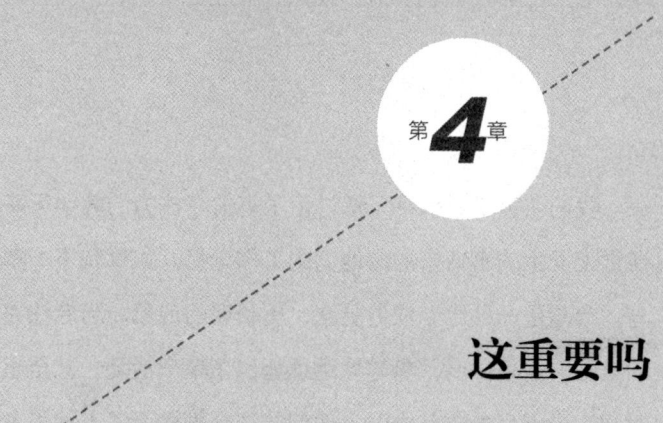

第4章

这重要吗

我们在第二章和第三章讨论了有关专注力的教学策略，鼓励学生用课堂上发生的事情来加深他们的工作记忆。本章和下一章我们将讨论参与。参与是一种比专注力更深、更长期的现象。当专注力集中于课堂上的某一特定事件时，参与性远远超出了单个活动，甚至超出了单一课堂时间。当学生参与其中时，他们往往会频繁而深入地思考主题。虽然本章和下一章讨论的策略都包含刺激高度参与的目标，但它们在不同程度上以不同的方式进行。为了产生高参与度，教师们应该同时使用本章和下一章中的许多策略。

　　本章的重点是促进学生的参与，使用策略帮助学生肯定地回答"这重要吗"这个问题，显然，如果学生不把课堂任务视为重要任务，那么他们的参与度就会降低，或者根本不参与。正如我们在第一章中所看到的，当某件事与自我系统相关时，它就被认为是重要的，而自我系统与目标的层次结构可以被认为是动机的架构师。在某种程度上，学生的行为总是为了达到一个或多个目标，例如，在非常基本的层次上，学生（以及其他所有人）总是努力确保在安全、食物和住所方面实现基本的生存目标。比基本生存目标高一级的是那些被同伴和成年人接受的目标。在这些目标之上是一系列广泛的目标，旨在提高特定领域的知识或技能。例如，一个人的目标可能是增加她对著名艺术家的了解——不是因为她自己想成为一名艺术家，而是因为增加对这个主题的了解使她感到满足。另一个人的目标可能是成为一名更好的高尔夫球手。再次强调，这并不是因为这个人希望以打高尔夫为生，或希望成为高尔夫球冠军。提高运动技能只为带来满足感。

最高层次的目标是实现人生抱负。这些目标通常涉及人们认为如何定义他们未来生活的成就。例如，一个人的人生抱负可能是成为一个大家庭的好母亲或好父亲；另一个人的人生抱负可能是成为一名医生，在贫困或饱受战争蹂躏的地方提供医疗服务。

从根本上说，与现实世界建立联系的课堂活动，有助于对"这重要吗"这个问题的理解。我们认为，教师可以用三种方式帮助学生肯定地回答"这重要吗"这个具有象征意义的问题：（1）将课堂内容与学生的生活相联系；（2）将所学知识与学生的人生抱负相联系；（3）鼓励学生应用所学知识解决复杂任务。

将课堂内容与学生的生活相联系

在学生的个人生活中，他们有许多目标，这些目标涉及更多地了解某一特定主题或在某一特定活动中变得更加熟练。教师可以通过结构良好的比较任务和类比推理任务，帮助学生与这些个人目标建立联系。

比较活动

使用比较活动当然是课堂中常用的一种策略。可以肯定地说，各个年级、各个学科领域的教师都在使用比较活动——有些比较活动相当常规。虽然任何比较活动都可能激发学生的兴趣（换句话说，吸引他们的专注力），但如果允许学生将新内容与个人感兴趣的话题联系起来，比较活动也可以激发学生的参与。简单地说，比较的过程可以包括以下四个步骤（并不是所有的比较活动都必须包含所有的步骤）：

1. 确定要比较的项目；
2. 选择比较所基于的特征；
3. 对于每个特征，找出它们的相似点和不同点；
4. 解释从比较中学到了什么。

直接比较活动成功与否的关键是，如何选择比较所依据的标准。教师应该对此有清楚的了解与认识。一些常见的比较标准有物理特征、发生过程、事件序列、因果关系、心理特征以及名声。

教师可以用物理特征作为比较活动的标准。物理特征对于涉及人、地方、动物和事物的教学内容非常重要。例如，如果某门科学课程涉及鳄鱼，老师可能会设置一个活动，要求学生将鳄鱼的物理特征与他们选择的任何东西进行比较。一名学生可能会将短吻鳄在陆地上的速度与运动员尤塞恩·博尔特（Usain Bolt）的冲刺速度进行比较——他可能喜欢田径运动，并且也会将自己的表现与短吻鳄进行比较。

发生过程也可以用作比较的标准。例如，假设一位科学教师专注于研究细胞的功能和分化过程。他可能会要求学生在进行比较时，把专注力集中在选择性渗透膜上。一个真正喜欢《星际迷航》(Star Trek)系列电影的学生,可能会将选择性渗透膜与星际飞船中的传送器进行比较。因为就像细胞膜允许营养物质进入细胞一样,传送器允许好人进入飞船。同样,就像细胞膜阻止毒素进入细胞一样,传送器不允许像罗慕兰人这样的坏人登上飞船。

事件序列也可作为学生比较活动的基础。历史内容往往涉及重要的事件序列。例如,在肯尼迪家族时代的单元课程中,一位社会研究教师可能会将专注力集中在封锁古巴之前和之后的事件上,以进行比较活动。某个学生可能会将这一系列的活动与她的啦啦队团队进行比较。整个夏天,啦啦队都在挑选新的队服,但是教练和队长们没有就选择哪种队服达成一致,分歧持续了整个夏天。

因果关系也可以作为学生比较活动的基础。因果关系可以在许多学科领域找到。例如,一位经济学老师可以指定一个通货膨胀和商品贬值之间关系的比较活动,而一位对戏剧感兴趣的学生可以将工作中通货膨胀的因果关系与戏剧中的起立鼓掌进行比较。起立鼓掌应该是罕见的——这是一种真正的荣誉,但他注意到,起立鼓掌似乎已经变得很普遍,几乎是表演结束时的标准。就像当更多的美元流通时,一美元的价值会下降一样,起立鼓掌的价值也会在频繁发生时下降。

心理特征是另一个可能的比较标准。心理特征是指一个人可能表现出的习惯性行为或倾向。这些特征通常适用于真实的人或小说中的人物。例如,在关于亚伯拉罕·林肯的课程单元中,老师可能会注意到林肯表现出了极大的毅力。在他成为一名成功的政治家并最终成为美国总统之前,他经历了许多失败。作为一个比较活动,老师可能会让学生把林肯的这种心理特征与他们感兴趣的其他人进行比较。一个学生可能会把林肯早期的失败，与他最喜欢的足球运动员库尔特·华纳（Kurt Warner）的失败进行比较。与林肯一样，在职业生涯的早期，华纳也遭遇了很多的失败，但最终取得了巨大的成功。

一个人或一件事的名声也可以用来作为比较活动的标准。声名显赫或恶名昭彰是指某人或某物因积极或消极的原因而广为人知。这个标准可以用于人、地点、事物和事件的比较中。例如，在一节课中，曹操是一位关键人物。可以说，曹操在历史上是一位比较有争议的人物，他生性多疑，却又为历史发展作出一定的贡献。在比较活动中，学生可能会把曹操比作他在夏天读的一本书。当他第一次读它的时候，他不喜欢它，认为它没什么价值。然而，当学校开学时，全班开始讨论这本书。老师和其他学生指出了他以前从未关注的一些内容，在单元课程结束时，他重新阅读了这本书，并能客观正确地评价书的内容。

在将教学内容与学生的生活进行比较时，老师要记住一件事，即让学生有机会扩展和阐述自己的兴趣。例如，在学生描述了星际飞船是如何像细胞膜一样后，老师可能会让学生描述一些他们最喜欢的关于《星际迷航》的部分。这有助于在课堂上形成积极的情感氛围，并可能提供进一步比较的机会。下面的案例描述了教师如何使用比较活动。

齐特尔老师的班级一直在研究不同的气候。她让学生们选出他们最喜欢的气候，并找出一些吸引人的图片。接下来，她让他们比较这些图片中的元素和他们感兴趣的东西。丹尼尔选择了亚利桑那州的羚羊峡谷。他喜欢它，因为随着时间的推移，风和水侵蚀岩石，使其看起来像一幅抽象画。他喜欢画家乔治亚·奥基夫（Georgia O'Keeffe）的作品，并带来了她的一幅油画进行比较。"尽管她绘画中的很多意象都是花卉,但她所描绘的线条和阴影看起来就像羚羊峡谷的轮廓,"他说,"她用画笔做的事就像大自然对峡谷做的一样!"

类比推理

在某种程度上,大多数学生都面临着通过填充缺失的元素来解决类比问题的挑战。这个过程包括将前两个元素之间的关系与后两个元素之间的关系进行匹配。例如,在传统的类比题中,学生可能会被要求完成以下内容:

木匠:锤子 :: 油漆工:_____

当类比问题被用来与学生的生活相联结时,应该使用如下格式:

心脏:循环系统 :: _____ : _____

在这个问题中只提供了前两个元素。一个学生可以用"发动机:汽车"来完成类比,而另一个学生可以把这个关系应用于"鼓手:乐队"或"母亲:家庭"。当学生们完成开放式的类比,并解释了这两对元素之间的关系如何相似时,他们就能够为学习内容创造独特的乐趣。下面的案例描述了如何使用类比推理来帮助学生与他们的个人生活建立联系。

内田老师这段时间一直在他的语言艺术课上教授《科学怪人》(*Frankenstein*)。他要求学生用他们自己感兴趣的东西来完成以下类比:

维克多·弗兰肯斯坦:怪物 :: _____ : _____

尼克把维克多和他的怪物之间的关系,比作他自己和一辆他正在改造的汽车之间的关系。他说:"我和我的朋友想参加今年夏天的24小时二手车比赛。你必须在24小时内想办法让一辆至少有10年历史的、已经动不了的车运转起来,并且你只能花1000美元。我们花了很大功夫才使它恢复活力。就像维克多也不得不努力对付怪物一样,我们也不得不处理这辆车,而且它们都很难看。比赛结束后,我们可能再也无法驾驶它,也卖不出去。"

另一名学生一直在学校里表演《麦克白》(Macbeth),她把维克多和他制造的怪物之间的关系比作国王邓肯和麦克白。她说:"麦克白最终背叛了邓肯国王,杀死了他,就像维克多的怪物杀死了他的创造者一样。"内田发现学生们会做很多不同的比较,这些不同面向的比较深刻揭示了维克多和他的怪物之间关系的复杂性。

练习4.1 将课堂内容与学生的生活相联系

识别下列每一个例子属于哪一种比较活动:

A. 物理特征比较

B. 发生过程比较

C. 事件序列比较

D. 因果关系比较

E. 心理特征比较

F. 名声比较

G. 类比推理比较

1. 莫耶老师的科学课一直在研究曼哈顿计划(Manhattan

Project)。作为科学进步的象征,人们对它的印象既有积极的,也有消极的。"还有什么事物是这样的?"他问道,"选择你感兴趣的东西进行比较。"赞恩把曼哈顿计划比作蜘蛛。"有些人认为从长远来看,原子弹拯救了很多生命是一件好事;但有些人认为它在道德上是败坏的,使世界变得更加危险。我认为这就像蜘蛛,有些人认为蜘蛛恶心或可怕,但我真的很喜欢它们。蜘蛛能织出非常漂亮的网。没有蜘蛛,整个生态系统将被彻底摧毁。我想,它们的名声也很复杂。"

2. 奥克皮克老师的社会研究课一直在研究朝鲜和韩国。他们讨论了朝鲜击沉韩国军舰事件。韩国对此的回应之一是,在三八线的边界上播放一首韩国流行歌曲。这首歌之所以被选中,是因为它性感的音调和歌词宣扬的是反叛和独立。这样的行为通常被称为心理战。"你认为韩国想要实现什么目标?你还能想到其他类似的目标吗?选择你感兴趣的东西进行比较。"托林将韩国播放的歌曲比作他在棒球比赛中遭遇的一些嘲讽。他说:"我是一个接球手,当一个击球手第一次来到禁区时,我有时会对他评头论足。他不会对我造成威胁,但我在试着吓唬他,分散他的注意力。我认为韩国放流行歌曲与此也有相似之处。这并不会造成人员伤亡,而是吓唬一下朝鲜,稍微戏弄他们一下,并向他们传达一个信息——韩国不怕朝鲜。"他还指出,虽然这些心理游戏可能看起来有点傻,但也可能相当有效。他说:"我以前是一名击球手时,就被接球手对我的一些评论吓到过。"

3. 蒋老师的科学课一直在研究移民问题。"不同物种的动物都有代代相传的迁徙模式。你能想到一些你所知道的和感兴趣的与此类似的事情吗？"她问道。艾玛将迁徙比作她的家人最近搬到一座新的城市。"我们不像动物那样经常迁徙，动物迁徙基本上是为了得到它们需要的东西，不管是食物、繁殖地还是更温暖的气候。我们搬家是因为我妈妈找到了一份她非常想要的工作，也因为我的一些堂兄弟姐妹也住在这里。所以我们来到了一个新地方，以便得到我们想要的东西。"

4. 菲利普斯老师希望在她的数学课上，学生能理解乘法和除法等逆过程的本质。她解释说，乘法和除法使用相同的数字概念，但用的是相反的方法。她说："你所知道的哪些东西与此有相同的基本关系？选择你感兴趣的东西，并补充下列语句'乘法之于除法就像什么之于什么'。"布兰迪用"后外点冰跳"和"后内结环跳"这两个词来完成这个陈述。后外点冰跳和后内结环跳都是花样滑冰运动员在空中旋转一定次数的跳跃动作。后外点冰跳，起跳前左脚后外刃滑行，起跳瞬间右脚冰刀齿点冰；后内结环跳，滑冰者用另一只脚起跳。所以这两个跳跃本质上是相反的，就像乘法和除法一样。

将所学知识与学生的人生抱负相联系

人生抱负可能代表了自我系统目标的最高层次。学生不会自动将课堂内容和活动与他们的人生抱负联系起来，但教师仍然可以通过个人事业将课堂内容和人生抱负相结合。当学生规划自己的个人事业时，他们会确定自己选择的个人目标，并在整个学期甚至整个学年都致力于此。

教师要帮助学生确定目标，并朝着目标前进。

规划个人事业时，学生们的目标一般与数学、科学、社会研究和语言艺术等传统学科领域无关，而是会建立在传统学校课程范围之外的内容上。然而，个人事业可以帮助学生发展21世纪人才必备的技能。海蒂·海斯·雅各布斯（Heidi Hayes Jacobs）指出，决策、问题解决和调查等认知过程是21世纪人才必备的基本技能。这些技能是个人事业所特有的。

规划个人事业

规划个人事业需要七个阶段，目的是为了实现学生的长期目标。这七个阶段中的每一个都与学生必须回答的一个或一组问题有关。

但老师们不必每天都处理这些问题。教师可以把一节课或一部分课奉献给第一阶段，然后等几天再讲第二阶段，等几周再讲下一阶段，以此类推。因此，一个班级可以很容易地在一个学期内就参与完规划个人事业的课程，而不需要过多的教学时间。

第一阶段：我想实现什么目标

在第一阶段，学生被要求确定一个他们感兴趣的个人目标。理想情况下，学生选择一个令他们非常兴奋，甚至充满激情的话题。起初，学生们可能羞于分享这样的目标，主要是因为他们不想被嘲笑。为了达到这个目的，如果老师和学生一起参与个人事业的规划，并分享他在实现个人目标过程中的每一步反应，那将非常有用。如果老师在追求个人目标时表现得很脆弱，学生就会下意识效仿。学生们在确定个人目标时可能也会有所保留，因为他们不相信这些目标是可能实现的。帮助学生超越预期思考的一个强有力的活动，是让他们回答这样的问题："如果我知道自己不会失败，我想尝试什么？"同样，老师也应该和学生一起参与这项活动。

达蒙在希斯伍德老师的班级里。希斯伍德老师和其他中学老师利用所授科目来教授设定目标、解决问题的技能等。希斯伍德老师选择将规划个人事业作为增强这些技能的工具。她首先要求所有学生确定一个本季度的个人目标。这可能是一个需要一年、几年，甚至几十年才能完成的目标。一开始达蒙确定了顺利从高中毕业的目标，其他学生的目标也类似。希斯伍德老师向全班提出挑战，要求他们跳出思维定式。她说："如果你知道自己不会失败，你最想尝试什么？"她告诉他们，她一直想写一部小说。这将是她个人事业的目标。受到老师的榜样激励，达蒙说："我想，如果我真的不用担心任何事情，我真的很想成为一名海军或空军战斗机飞行员。"希斯伍德老师说，她认为这是一个伟大的目标，她希望看到他把这个目标用于个人事业。达蒙一开始并不确定是否要这么做，因为他想到一些让他不舒服的事情，但最终他同意了。其他学生也重新设定了类似的挑战性目标。

第二阶段：还有谁达到了同样的目标？谁会支持我

在第二阶段，学生寻找英雄、榜样和导师，以建立一个支持系统。英雄和榜样是那些完成了与学生们所设定的目标相似的目标的人。通常，学生们必须收集关于他们心目中的英雄和榜样的信息。这不仅为学生提供了一个通过互联网或图书馆来搜索实践信息、发展人生技能的绝佳机会,还让学生学会了运用综合信息。与英雄和榜样不同,导师是学生们在实际生活中可以接触到的对象,他们可能没有达到学生们所追求的目标,但他们会给予学生鼓励。

达蒙在寻找英雄或榜样时,发现了李·阿彻(Lee Archer)。李·阿彻是美国第一批非洲裔美国空军飞行员——塔斯基吉空军学院的唯一一名王牌飞行员,曾击落多架敌机。他在二战中执行了169次任务,并以中校的身份退役。达蒙认为这一成就令人印象深刻,因为当时军队中存在大量种族歧视。达蒙说:"他真的克服了很多困难。"达蒙很难在他的生活中找到可能帮助他实现目标的人。起初,他不认为父亲会支持他想做一名海军或空军飞行员,但当希斯伍德老师鼓励达蒙确定这个目标后,他发现自己的父亲也认为这很好。达蒙说:"他说他很惊讶我竟然会想做那样的事。他说如果我真的想做,他认为我能做到,这真的很酷!他甚至说他愿意成为我的导师!"

希斯伍德老师还分享了她在寻找英雄、榜样和导师方面的进步。她向全班同学解释说,她又开始读她最喜欢的一些书了,这些书在过去几年里激发了她写作的灵感。其中一本是《大地》(*The Good Earth*),它让她想起了作者赛珍珠的一生。"她真是个有趣的女人!她是一位人道主义者,也是一位作家,尽管她直到三十多岁才开始出版书籍,但她仍然获得了诺贝尔奖和普利策奖。"希斯伍德老师决定读赛珍珠的两本自传,赛珍珠将成为她个人事业的英雄。"我还发现了一个叫灯塔作家工作室的地方,"她说,"这有点像作家社区。他们提供研讨会和阅读室,甚至为作家提供静修会。我认为,与他们接触将真正有助于我的写作项目,而且所有在研讨会上授课的人都是发表过作品的作者,我认为他们将是很棒的导师。"

第三阶段：我需要什么技能和资源来实现我的目标

在这一阶段，学生们收集完成个人目标所需的信息。与第二阶段一样，这也为学生提供了实践信息收集技能和综合技能的机会。

当达蒙研究他的目标时，他发现他需要被一所好的大学或空军/海军学院录取。大学毕业后，他需要进入一个试点项目。如果他做得非常好，他可能能够参加一个著名的项目，如美国海军打击战斗机战术教练计划（SFTI计划）。他还注意到了健康和视力方面的要求。"只有最优秀的人才能成为飞行员，"他说，"你真的要努力很长一段时间。你必须保持身体健康和头脑聪明。"

希斯伍德老师也分享了她在第三阶段的进展："我研究了出版小说的过程。我原来不知道写作只是战斗的一部分。你得先找个代理人，这可能要花好几年的时间。罗琳在找到代理人之前被拒绝了50次！一旦你有了一个代理，你的代理人就会尝试找到一个想要出版你的书的出版社。即使你签了合同，你的书可能还要两年才会上架！"

第四阶段：为了实现我的目标，我需要改变什么

在规划个人事业的所有阶段中，这一阶段通常是最具挑战性和对抗性的。为了实现目标，学生必须确定他们当前需要改变的行为。愿意改变当前的行为是所有真正伟大成就的核心。必要的改变可能是行为上的或态度上的。

到了第四阶段的时候，希斯伍德老师会花些时间为学生做准备。她

知道这将是整个过程中最具挑战性的部分。她解释说，在实现困难目标的过程中需要对自己诚实，因为很多时候，我们自己的行为是实现目标的障碍。为了说明这一点，她解释说，她从来没有接受过写作方面的训练。她只有在心情好的时候才写作，有时常常一个多月都不写。当她重新开始写作时，她已经忘记了以前写小说时的灵感。她开始意识到，不能停止写作，并要求自己每周至少写作五次，每次至少30分钟。她要求学生回答这样一个问题："为了实现我的目标，我必须改变什么？"

第五阶段：我实现目标的计划是什么？我需要付出多大的努力

在这一阶段，学生们生成一个书面计划，以完成他们的目标。他们应该把这个计划看作是对未来的一个总体规划，认识到它会随着不同的环境和机会的出现而改变。需要注意的是，学生应该列出一些里程碑式的重大事件来尽可能详细地制订他们的计划。这有助于学生在其脑海中想象更加真实的目标和实现该目标所需的行动。

希斯伍德老师和学生们一起来到了规划个人事业的第五阶段。她解释说，学生们下周要为他们的目标制订一个书面计划。她告诉他们，计划会随着时间的推移而改变，但从一个书面计划开始，然后根据需要改变，总是一个好主意。她给他们讲了她在大学期间的计划是如何随着兴趣而变化的——每隔几年就会发生变化，但她真正想要什么会变得更加清晰。尽管她最初的大学计划被多次修改，但她很高兴自己从一开始就有非常具体的目标。

达蒙现在知道，他必须以优异的成绩和清白的记录从高中毕业，进入一所好大学或空军/海军学院学习并毕业，然后参加一个试点项目。高中毕业显然是这些目标中最近的一个，所以他把这作为一个初始参考点，制订了以下计划。

1. 加入社区服务俱乐部，按照学习计划，认真学习每节课，至少把成绩提高一个水平（数学得B而不是C）。

2. 加入学校的田径队和篮球队，加入社区服务俱乐部。

3. 参加高中二年级的SAT[①]预备考试和三年级的SAT和ACT[②]考试。

4. 高中毕业前完成特定院校和军事院校的申请。

5. 平均绩点不低于3.5。

6. 高中四年都要参加学校的活动。

周末，希斯伍德老师邀请学生们分享他们的计划。她从分享自己的开始。

1. 遵循写作计划，继续阅读鼓舞人心的当代作家的作品。

2. 在七月前写出小说的完整大纲。

3. 当小说完成时，投稿。

4. 继续投稿，并开始一个新的写作项目。

接下来，她让一些自愿分享的学生朗读或简单描述他们的计划，但她也表明，他们可以对自己的计划进行保密。下课后，她收集学生的计划，然后认真阅读，写下建议和鼓励的话，比如："达蒙，我能想象你在做什么。不要害怕，去做吧！"

---

① 全称 Scholastic Assessment Test，即学术能力评估测试。由美国大学委员会主办，SAT成绩是世界各国高中生申请美国名校学习及奖学金的重要参考。

② 全称 American College Test，被称为"美国高考"。它既是美国大学的入学条件之一，又是大学发放奖学金的主要依据之一及对学生综合能力的测试标准。

第六阶段：我现在可以采取哪些小步骤

在这一阶段，学生们会看到一些他们可以立即开始做的事情，这些事情会让他们走上实现目标的道路。老师应该告诉学生，完成短期目标（在几天或几周内完成）可以更好地帮助他们完成长期目标。事实上，完成一个长期目标，其实就是在完成一系列的短期目标。在这个阶段，老师要求学生们写下他们将在一两周内完成的事情，这是他们朝着最终目标迈出的一小步。然后将这些小目标收集起来，并在预计要完成它们的截止日期后还给学生。

在希斯伍德老师阅读并归还了学生的计划之后，她向他们提出了挑战，要求他们在下周完成一个小目标。她给学生发索引卡，让他们在上边写下这个小目标，并向他们展示她在索引卡上写的东西："到下个星期，我将和灯塔作家工作室一起报名，参加下一个小说工作坊，并且每天都按照我的写作计划行事。"她告诉学生，她将在一周内收集他们的卡片并归还。达蒙决定写道："到下周，我将参加第一次社区服务俱乐部会议，并按照学习计划为下一次数学考试做准备。"

第七阶段：我最近怎么样

我从自己身上学到了什么？完成小目标的过程可能会进行多次。例如，老师可以让学生连续三到四周完成一些小目标。每周，老师都会将写有这些小目标的卡片返还给学生，让他们检查事情的进展情况，并确定在他们的行为中需要做出的调整。个人事业终究会结束，至少从教学时间管理方面来说，通常在四分之一学期或半学期的时候，这七个阶段的活动要接近尾声。对学生来说，这个时候学会评估他们对自己的了解是很有用的。

在个人事业的最后几天，希斯伍德老师要求全班同学回答一个问题："我对自己有什么了解？"她说，她昨晚问了自己这个问题，得出的结论是，她已经认识到自己有多么热爱写作。当她全身心投入写作时，她会变得非常有创造力。她也认识到，她有懒惰的一面，她真的需要非常努力才能实现她的目标。

她给学生时间让他们在自己的日记中进行反思。她说："对自己诚实。你会注意到自己的一些优点，还有一些你可能想要改变的地方。"达蒙认真对待这个挑战。他写道："在个人事业中，我加深了对自己的认知。我知道我和爸爸可以相处得很好。我了解到，尽管我很难激励自己去参加社区服务俱乐部，但我真的很喜欢走出去，帮助别人。我还了解到，我的成绩一直很差是因为我缺乏努力，即使我想取得好成绩，我也会害怕失败。"

当所有学生都有足够的时间写作时，她邀请他们分享他们对自己的了解。令她惊讶的是，相当多的学生以一种非常诚实和开放的方式，主动提出对自己的见解。似乎一个学生的坦率观察会在另一个学生身上产生同样的效果，以此类推。

作为最后一项活动，希斯伍德老师邀请学生们再填写一张"小目标"索引卡，但这次她把日期定在接下来的两个月。她收集卡片，并承诺两个月后寄到学生家里，这样他们就可以检查自己的进展情况。最后，她祝他们在个人事业上好运，并提醒他们，虽然他们为自己设定的最终目标可能需要几年时间才能实现，但付出努力是值得的。他们会在这个过程中完成很多事情，并对自己有很多了解。

> **练习4.2 将所学知识与学生的人生抱负相联系**
>
> 1. 为什么个人事业能从本质上激励学生？
> 2. 请解释为什么在个人事业的第一阶段要让学生确定，如果他们知道自己不会失败，他们会尝试做什么。
> 3. 在个人事业的规划中，英雄和榜样的作用是什么？

鼓励学生应用所学知识解决复杂任务

正如我们在第一章中看到的，学生倾向于将认知复杂的任务视为重要且具有吸引力的任务。选择的机会也有助于学生将内容和学习过程视为重要的。最后，当学生能够利用他们所学的知识直接影响自身所处环境的变化时，他们更有可能肯定地回答"这重要吗"这个问题。

设计具有认知挑战性的任务

具有认知挑战性的任务可以激发学生更高层次的思维，但这不是自动发生的。《学习目标设计与教学》（*Designing and Teaching Learning Goals and Objective*）一书提出了四种类型的知识利用过程，可用于设计这些具有认知挑战性的任务。它们是：决策、问题解决、实验探究和调查。

决策是在两个或两个以上的选项中进行选择的过程。其基本步骤如下。

1. 确定你需要做的决定和你正在考虑的选择。

2. 生成最终决策需要满足的标准，并对其进行优先级排序。

3. 将标准应用于备选方案，并选择最符合标准的备选方案。

4. 根据你对选择的反应，做出你的最终决定，重新思考你的选择，或者修改你的标准。

问题解决是一个克服限制或障碍的过程，这些限制或障碍使实现特定目标变得困难。其基本步骤如下。

1. 确定你要达到的目标。

2. 确定阻碍目标实现的障碍或约束。

3. 考虑克服约束或障碍的其他方法。

4. 选择并尝试最有可能奏效的方法。

5. 根据结果，继续实现目标，尝试不同的替代方案，或者重新构建最初的目标。

实验探究是利用已知或已经理解的知识，解释或预测物理或心理现象，并对此进行测试。其基本步骤如下。

1. 确定你在观察什么。

2. 用你所知道的来解释你所观察到的。

3. 根据你的解释，做一个预测。

4. 构建一个实验或其他活动，来测试你的预测。

5. 根据结果，决定你的解释和预测是否得到了证实，你是否需要建立一个替代的测试，或者你是否需要对这个现象提供一个不同的解释。

调查是一个消除与概念或事件相关的混淆或分歧的过程。基于你的目标，有三种主要的调查类型：（1）下定义；（2）为存在普遍分歧的历史事件创建一个可能的场景；（3）为过去或未来的事件提供一个假设的场景。其基本步骤如下。

1. 确定要研究的概念、历史事件或假设事件。
2. 解释观点一致的领域和存在分歧的领域。
3. 在以下方面创造并维护你所做的事情，以消除分歧：

- 概念的定义；
- 历史事件的可能场景；
- 过去或未来事件的假设场景。

利用这四个过程，教师可以设计具有认知挑战性的任务。例如，不发达国家的历史和时事是高中课程的一部分，在呈现这一内容时，教师可以设计一项类似于下列之一的任务。

- 决策——有些国家被认为是不发达国家，比如朝鲜；还有一些国家，那里几乎处于无政府状态，比如索马里。决定哪种国家能提供更好的生活。
- 问题解决——不发达国家充满了各种问题，从政府腐败到缺乏教育，再到缺乏清洁饮用水。选择一个特定的国家和特定的问题，并使用问题解决指南来提供潜在的解决方案。
- 实验探究——你认为在我们的城市里，会有人生活在与不发达国家类似的环境中吗？他们有哪些相似点和不同点？设计一种收集数据的方法，用它帮助你检验你的假设。
- 调查——动荡的政治历史是造成索马里成为不发达国家的主要原因

之一。

这些任务不仅需要复杂的思考，还涉及具有现实意义的主题。小学教师或中学教师也可以将四个核心推理过程应用于更简单的内容学习中。例如，如果一个班级一直在研究营养和食物金字塔，老师可能会考虑设计一个类似于下列之一的任务。

- 决策——某个学区希望孩子们少吃垃圾食品。管理者们无法决定是要在学校全面禁止垃圾食品，移除任何垃圾食品的自动售货机，还是只是加大努力说服孩子们少吃垃圾食品。建立一个可以帮助他们在下次董事会会议上做出决定的流程。
- 问题解决——我们学区长期以来一直试图提供更多营养的学校午餐。试着找出是什么阻碍了进展，并提供一个解决方案。
- 实验探究——所有提供给孩子的关于食用健康食品的信息似乎都不起作用。做一点调查工作，来确定你是否能弄清楚什么是真正有效的。
- 调查——关于糖是否会让孩子亢奋，人们众说纷纭。为这个问题提供答案并为其进行辩护。

提供选择

如第一章所示，选择具有帮助学生感知课堂活动重要性的潜力。教师可以在许多已经讨论过的活动中构建选择。例如，思考前面关于学生兴趣比较的讨论。选择是此类任务的固有特征，因为学生会选择个人感兴趣的主题用作比较标准。在本节中，我们思考了四种类型的选择：（1）任务的选择；（2）报告格式的选择；（3）学习目标的选择；（4）行为的选择。

任务的选择

老师可以让学生以多种方式选择他们的任务。具体来说，当分配任务时，老师可能会给学生提供他们可以选择的选项，或者他们可以指导学生自己设计任务。

学生可以从几个教师设计的任务中进行选择。例如，一个语言艺术教师如果想使用比较活动，那他可以邀请他的学生将在课堂上阅读的课文与个人感兴趣的课文进行比较。方法如下：

- 将主要角色的心理特征与选择的主题进行比较；
- 将故事中的一系列事件与选择的主题进行比较；
- 将文本中的因果关系与所选主题进行比较。

同样，老师在布置复杂的认知任务时，也可以提供选择。与设计和呈现其中一项任务相反，教师可能呈现所有四项任务，并允许学生选择他们最感兴趣的任务。

如果教师想要使用一种更倾向于选择的方法，那他们可能会给学生提供机会，帮助他们使用核心思维过程来构建自己的任务。有了这种更开放的方法，学生可以使用这些指导性问题来创建和参与对他们有意义的任务。例如，在社会研究课上，一名学生可能对不发达国家的某个课程单元不感兴趣，或者对老师提到的某个问题不感兴趣，反而对定义"不发达"的不同方式有很大兴趣。那这名学生可能会承担调查任务，查找这些定义的起源。他也可能选择哪个定义是最好的，并证明他的选择是正确的。再举一个例子，在基础营养单元，另一名学生可能会注意到，成年人往往鼓吹健康饮食，尽管他们自己的饮食并不健康。她假设学校里的其他学生也有同样的想法。她做了一个实验，在这个实验中，她创建了一个调查，该调查将为她提供数据来验证她的假设。

请记住，虽然目标是让学生创建自己的任务，但他们可能仍然需要一些指导。为此，教师可采用以下问题：

- 对于我们正在学习的主题，你是否有一个重要的决定需要考虑？
- 对于我们正在学习的主题，你是否有一个重要的问题想要解决？
- 对于我们正在学习的主题，你是否有一个重要的假设想要验证？
- 对于我们正在学习的主题，你是否有一个重要的概念，或者过去的、未来的假设事件想要研究？

下面的案例描述了一位老师如何为学生提供关于任务的选择。

迈克尔斯老师正在写一本关于欧洲启蒙运动的书。一旦学生对内容有了大致的了解，他会提出以下问题：

- 对于欧洲启蒙运动，你有什么重要的决定需要考虑吗？
- 对于欧洲启蒙运动，你有什么重要的问题想要解决吗？
- 对于欧洲启蒙运动，你有什么重要的假设想要验证吗？
- 对于欧洲启蒙运动，你有什么重要的概念，或者过去的、未来的假设事件想要研究吗？

凯莉决定选择第二个选项。她在一个宗教家庭长大，虽然她不想放弃自己的宗教信仰，但她发现自己一直面临着约翰·洛克（John Locke）一生中面临的许多心理问题。最重要的是，她对如何将信仰和理性融入生活的问题很感兴趣。她决定利用洛克的作品和传记，来帮助她对共存问题得出自己的结论。

威尔选择了最后一个选项。他想研究法国大革命如何影响启蒙运动的发展。"对欧洲启蒙运动来说，这是一个有趣的时期，因为启蒙运动的许多原则都是法国大革命的催化剂，但总的来说，这场革命削弱了运动的力量和声势。"他说。

霍伊特决定选择第一个选项。他一直在思考伏尔泰的评论"那些能让你相信荒谬的人，也能让你犯下暴行"。他认为，这似乎与宗教事件特别相关，比如琼斯镇大屠杀和"天堂之门"集体自杀。他认为他可以设计一份问卷，用来测试在校学生是否相信伏尔泰是正确的。

法拉决定选择第三个选项。在启蒙运动课期间，她学习了玛丽·沃斯通克拉夫特（Mary Wollstonecraft）的作品。她了解到玛丽的许多可怕的浪漫决定，她很好奇这些可怕的决定及其后果是如何影响了玛丽的工作，并继续遗留在之后的女权运动中的。

报告格式的选择

选择报告格式，是为学生提供选择的一种相对简单的方法。教师可能提供的选择包括：

- 书面报告；
- 口头报告；
- 戏剧表演；
- 辩论；
- 录像报告；
- 演示或模拟。

在这些报告格式中，书面和口头报告肯定是最常见的，因为它们适用于相当广泛的主题和领域。然而，只要稍加计划，教师就可以向学生提供其他的报告格式。教师在提供报告格式选项时，应考虑审阅每个学生报告所需的时间。因此，报告选项通常留给全面的、长期的项目。下面的案例描述了如何在课堂上提供这类选择。

文老师向她的语言艺术学生提出了以下挑战："我们阅读了《冷血》(*In Cold Blood*) 这本书，讨论了它在主题和结构上的重要性。选择其中一个元素，并讨论它对当今艺术和社会的长期影响。换句话说，我们今天对这本书的反响如何？"她让学生们选择以下几种报告方式之一：书面报告、口头报告、戏剧表演、辩论或录像报告。令她惊讶的是，她的学生们想出了许多不同的、有创意的东西。

凯尔西是个比较害羞的学生。她在人多时感到不舒服，但她喜欢写作，所以她选择用传统的书面报告来完成任务。亨利在学校里积极参加政治社团，但他觉得自己不是一个伟大的作家，所以他选择了口头报告。多诺万活跃在戏剧和艺术领域，所以他非常喜欢创造和表演戏剧的机会。他表演了一个死刑犯，他的洞察力和深度着实让文老师感到惊讶。弥迦和达琳合作进行了一场关于《冷血》及其对暴力文化的影响的辩论。最后，霍莉制作了一档非常有创意的视频，她在其中扮演一名记者，报道与克拉特谋杀案类似的时事。她在评论卡波特对电影和电视类型的影响时，把这篇报道写成了电影的风格。

学习目标的选择

提供选择的一个强大方法是，让学生在一个教学单元内生成自己的个人学习目标。很明显，当学生们产生他们自己的目标时，他们更有可能把专注力集中在他们感兴趣的科目上。但教师设计的目标将始终是有效教学的一个组成部分。因此，除了老师为一个单元课程设计的学习目标外，老师还可以要求学生创建自己的学习目标。而且学生产生的学习目标要在对学生的最终评估中得到认可。也就是说，老师会根据这两个学习目标来确定学生单元课程的最终成绩。下面的案例描述了教师如何引入学生设计的学习目标。

凯勒老师的法语课在讲法国当代生活。她让学生们知道，本单元课程有两个学习目标，一是了解法国政府，二是了解法国阶级关系。当她宣布他们还可以根据自己选择的主题设定第三个学习目标时，她的学生们感到惊讶。她说："你可能对法国的流行文化或法国人看待美国人的不同方式感到好奇。"她鼓励课堂讨论，并将学生提出的话题写在黑板上。她说："下节课思考一下这些建议，你也可以再想出其他的，一旦你决定了你想关注的话题，我们就可以开始制订一个完善的学习计划。"她强调，她会让他们对自己的学习目标负责，就像她对本单元其他两个目标负责一样。

行为的选择

第二章讨论了学生在课堂上感受到被接受和支持的重要性，以便他们对"我感觉如何"这个问题进行积极回应。我们强调，要在课堂上建立行为规范，确保所有学生都得到公平公正的对待。教师可以在这个过程中做出选择。具体来说，在学年开始的时候，学生可以为课堂上所期望的行为设计标准。为此，乔纳森·欧文（Jonathan Erwin）概述了创建课堂结构的详细过程，为学生提供了关于课堂如何运行的选择。下面是欧文使用的一个简化版本过程，它是面向小学课堂的，但教师可以根据任何年龄的学生来调整它的基本前提。关键是要让学生在课堂上有发言权，让他们认为参与规则不是简单地强加给他们的。

第一步：确定可取和不可取的行为和态度。首先，学生们要独立完成一份简短的陈述，描述他们希望在课堂上受到怎样的对待。哪些行为看起来和听起来像积极的？哪些消极的行为应该避免？接下来，学生们分成小组，创建一个由大家一致认可的积极和消极行为组成的列表。

第二步：创建符号。每个组创建图片或符号来表示班级列出的每个积极行为。例如，如果善良被列出来，学生们可能会画一幅画，画的是一名学生帮助一名跌倒在操场上的同学。

第三步：小组陈述。每一组都展示自己的积极和消极行为的列表，以及相关的图片。此外，小组成员可能会简要地讨论，为什么他们选择了他们所包含的行为。

第四步：讨论整个班级的生活空间。整节课对小组陈述进行讨论，并就他们在课堂上可以做的和不想看到的行为达成共识。老师可引导学生从"不恃强凌弱"到遵守更坚定的尊重原则，这样全班学生就可以创建一个简短的指导原则列表，张贴在教室里。

第五步：对课堂行为达成一致。当指导原则及其相关行为被阐明之后，教师会让学生参与到讨论中，讨论他们愿意付出什么，以确保这些原则在课堂上得到实践。简言之，学生们讨论的观点是，他们必须以自己希望被对待的方式对待他人。

第六步：做出承诺。每个学生都被要求尽自己最大的努力来实践这些指导原则。老师也可以考虑让学生们互相督促，对自己的行为负责。口头或书面承诺都可以。学生们可以签署单独的合同，也可以签署写有总体指导原则的条文。

第七步：保持活力。为了保持课堂结构的有效性，教师经常引用它是很重要的，尤其是在学期初。当课堂进行得很顺利，原则得到遵守或者不遵守时，提及约定将帮助学生把它看作是一幅真实的图画，描绘出了一个班级应该如何行事，而不仅是一串列出的规则。

实际应用

到目前为止，我们所提出的建议都是为了帮助学生将课堂内容视为重要的。也许更直接的让学生感觉他们在学校所做的事情是重要的方式是，提供一些项目来服务于一个超越课堂范围的具体目标。有时，个别教师的付出就可以设计和实现这样的项目。然而，更常见的情况是，这样的努力需要得到全校或整个地区的重视。在这里，我们简要地总结了三个已经在现实世界中应用的项目：（1）凯普纳卓越教育项目（Kepner Educational Excellence Program）；（2）福勒联合学区（Fowler Unified School District）的服务性学习计划；（3）密歇根州巴特尔克里克的全国小说写作月项目。

凯普纳卓越教育项目

科罗拉多州丹佛市的凯普纳中学位于该市最贫穷的社区之一。附近56%的居民没有高中文凭，40%的凯普纳中学学生英语不熟练。尽管有许多学生的家庭充满关爱，吃苦耐劳，但几代人的贫困已经对他们的成长造成了很大影响。

卡丽·奥尔森（Carrie Olson）自1985年以来，一直是丹佛公立学校的一名教师。她熟悉贫困对年轻人，特别是处于人生关键时刻的中学生所造成的损害。1992年，她在课堂上讲授有关大屠杀的知识。学生们感动于他们所学到的知识。当他们表示希望参加1993年春天在华盛顿特区举行的纪念活动时，她知道必须要让他们去一次。

实现这个目标的难度是令人生畏的，但学生们很兴奋，很快学校管理者就表示支持这个项目。不久，家长和社区里的其他人也加入了进来。这在韦斯特伍德社区是一件罕见的事情，当这种融合和辛勤工作取得成功时，奥尔森知道，她偶然发现了一些重要的东西。对她的学生来说，历史变得生动起来，虽然他们每个人都比她所见过的任何一个人更加忙碌，他们的家人也都忙得不可开交，但这是她作为一名教师，最接近打破世代贫困循环的一次。

一开始，这只是卡丽·奥尔森的课堂上一场自发的活动，现在，它已经变成了一个成熟的学术项目——凯普纳卓越教育项目。参加此项活动的六年级学生将前往华盛顿特区；八年级的学生也有机会通过欧洲之旅继续他们的世界历史学习；一个以科罗拉多历史为重点的七年级项目也将很快实施。

选择参加活动的学生都知道，这次旅行来之不易。首先，他们必须在学年开始前与奥尔森女士或其他参与教师坐下来，制定个性化的学习目标。对于已经进入优等生名单的学生来说，这可能意味着要致力于同伴辅导；对于成绩差的学生，这可能意味着要多得C以上的成绩。学生也可以设定行为目标，比如每天坚持上课，或者不扰乱课堂。在这一年里，学生们会和老师们一起讨论他们的目标的进展，并做出必要的调整。

其次，学生必须在上学前、放学后或周末完成40个小时的工作，包括在小卖部或学校咖啡馆做收银员、回收纸张、打扫走廊和教室。和其他工作一样，他们也要准时到达，保持得体的举止和仪表。他们也可以参加体育运动或学校活动来代替放学后的工作，以换取出去旅行的机会。工作的承诺给学生一种特权的感觉——他们知道这是他们应得的。这也为他们提供了学习短暂但具有持久价值的工作技能的机会。

为了让学生为这次旅行做好准备，他们还必须和其中一位老师一起选修一门课程。在课堂上，他们学习将要访问的地方的文化和历史。在"旅行星期五"课堂上，他们还学习旅行的技术细节，比如他们需要什么文件，需要带什么样的衣服和用品。许多学生离家旅行的距离从未超过一天，他们需要为将要发生的事情做好准备。这些课程的教师努力让学生的家长和家庭都参与到这个过程中。这样，除了在学校得到支持外，他们也获得了家里的支持。

福勒联合学区的服务性学习计划

加利福尼亚州的中央山谷是一个主要由葡萄园和包装厂组成的农村地区。这里移民人口众多，形成了一个主要依靠自然生存的庞大社区。福勒联合学区是那里的一个小学区。它过去的辍学率很高，在州测试中的表现也远低于平均水平。

20世纪90年代中期，地区领导人开始与关心此事的家长和社区成员会面。他们认为，课程的重点应放在品格养成上。作为回应，地区领导人创造了"十大品格"——教师除了讲授传统的学术内容外，还要教授和实践十种品格特征。这十种品格是关心、公民归属感、勇气、职责、公平、诚实、尊重、责任、诚信和职业道德。项目开展几年后，教师和地区领导人发现，仅仅在枯燥的教室环境中教授"十大品格"课程是不够的。为了实现真正的改变，他们需要把这些经验教训带到现实世界中去。在做了一些研究之后，他们发现最好的方法是通过服务来应用这十种品格。他们引进了弗雷斯诺县教育办公室进行服务性学习教师培训。

十年过去了，该计划从最初致力于服务性学习，发展到现在涵盖了该地区的每一位教师和每一位学生。初中生、高中生甚至有志愿时间的要求。在中小学阶段，教师根据个人兴趣或经验制定独特的服务学习项目。时间范围从两周到整个学期不等，教师记录学生服务的每一个小时。服务项目的重点各不相同，从为野外工作人员准备防晒霜和唇膏，到为移民参加公民考试提供辅导，再到创建和照料一个整座学校都可以用作学习实验室的花园。在高中阶段，学生们需要设计自己的服务项目。

通常，项目从课堂开始。三年级学生通过学习鳟鱼的生命周期开始了一个环境服务项目。他们了解了养殖鳟鱼环境的可持续性要求。在渔猎部和其他当地保护组织的捐赠下，他们获得了30个受精的鳟鱼卵和一个装有冷却系统的20加仑水箱。这些课程超过了三年级的科学要求。学生们监测水温，利用他们的数学知识使用公式来预测鱼卵何时孵化，并制定了放归时间表。当这些鱼被放生到圣华金河后，学生们复习笔记并写下他们的经历，又进一步提升了语言艺术技能。

该项目的结果是，该地区的辍学率大幅降低，没有毕业的学生只有不到1%，州考试成绩提高了10%。他们的总出勤率为97%，远远高于周围其他地区。

第4章

密歇根州巴特尔克里克的全国小说写作月项目

2007年,密歇根州巴特尔克里克的一名中学语言艺术教师卢克·佩里(Luke Perry)在听说了"全国小说写作月"后,认为这将是对学生的一项完美挑战。他一直注意到,他们中的许多人似乎有一种非常挑剔的内在声音,在某些情况下,这些声音导致了他们对语言和文字的恐惧。起初,他遇到了同事们的抵制,但他坚信,这样的挑战正是他的学生克服这种恐惧和适应写作所需要的。于是他向六年级的学生提到了这个项目,要求他们在一个月内写出一部小说。

起初,他的学生也很犹豫,只有12名学生报名参加,但随着消息的传开,越来越多的学生和老师对此感兴趣。不久,校长甚至同意暂停常规课程,让115名学生(约占学生总数的1/3)参加该项目。该项目的势头继续增长。为了完成他们的小说,学生们课前、课上、课后,以及整个月的午餐时间都在工作。月底,学校举办了一场读书会,学生、家长、记者甚至市议员都参加了。

在接下来的一年里,整个地区超过250名学生参加了这次活动。参与该项目的学生表示,该项目不仅帮他们实现了克服语言和写作恐惧的目标,还增强了他们的整体信心。一名上了大学的学生仍然记得,当他被课业压得喘不过气来的时候,这个项目帮他反思,如果他能在一个月内写完一部小说,他也一定能应付期末考试。

练习4.3 鼓励学生应用所学知识解决复杂任务

1. 识别以下示例是哪一种选择：

A. 任务的选择

B. 报告格式的选择

C. 学习目标的选择

D. 行为的选择

- 洛佩兹老师正在教授学生写叙事文。他告诉他的学生，他们要写一些短篇小说。他们的两个学习目标将集中在创造感官描述，以及利用他们的想象力创造出独特的故事情节上。洛佩兹老师告诉学生："但我们可以用故事做的事情远不止这些。想想你在写作中想要提高的地方。你想创作一个使用大量对话的故事吗？你想创作一个利用不同观点的故事吗？"在思考了他们想要改进的地方之后，洛佩兹要求他们写下自己的目标，这样他们就可以记录下自己在本单元所有三个目标上的进展。

- 卡纳顿老师在她的课堂上有一些纪律问题。她知道她需要解决这个问题，但她也知道更严厉的惩罚可能会适得其反。下节课开始时，她把贴有校规的海报拿下来扔掉。"我们重新开始吧，"她说，"让我们一起制定规则，也许这样每个人都会开心。"她认为，捣乱的学生可能会提出一些不切实际的规定，比如允许取笑或不按次序说话，但她也认为提醒他们这种行为将被所有人接受会让他们打消这种想法。

- 阿克尔老师的社会学课一直在研究旁观者效应。她告诉他们必须写一篇文章来证明他们对这个主题的理解，不过这篇文章可以关注旁观者效应的许多不同方面。"首先，我们并不总是能看到紧急情况下的旁观者效应，但事实上这种情况的发生是有问题的。整个社会能做些什么以最小化旁观者效应？其次，我们在课堂上讨论过，当大多数人被问到如果他们遇到有人在公共场合受伤，他们会怎么做时，他们的回答是采取行动。对此做一个预测，并创建一个调查来检验这个想法，并讨论你的预测。再次，毫无疑问，生活中存在旁观者效应，令人困惑的是为什么会出现这种现象。做个调查，看看你能否给出一个合乎逻辑的解释。最后，假设你可以决定犯罪发生的时间和地点，你是想和一大群人在一起，还是想要一个更孤立的环境，只有一两个人能帮助你，你认为在哪种情况下你的生存机会更大？"
- 莱恩老师的科学课一直在研究人类对恐龙的理解。他们一直在研究人类发现的越来越多的物种，恐龙与鸟类的关系有多密切，以及最近发现的一种辨别恐龙的皮毛或羽毛颜色的方法。"在期末考试中，你们每个人都将深入了解，我们对某种恐龙的看法是如何变化的。"她给学生们提供了一些选择，让他们可以选择如何进行陈述。他们可以：（A）写一篇文章；（B）做一个口头报告；（C）就这个话题采访一位专家；（D）就我们现在对这个物种的描绘是否正确这个话题进行一场辩论。

2. 解释为什么认知复杂的任务，能帮助学生肯定地回答"这重要吗"这个问题。

3. 考虑你的学生和所在的社区的境况，什么样的实际应用程序可能是最吸引人和最有意义的？

自我评估测试

在本章中，我们提出了四大类策略的各种建议，所有这些建议都增加了学生对"这重要吗"问题的积极回应。表4-1提供了类似第二章介绍的自我评估量表。用这个量表，为你对每一个策略的掌握程度打分。

表4-1 第四章自我评估量表

	0 不使用 我从不使用这种策略	1 开始 我有时用这个策略，但我认为我用得不对	2 发展 我使用这个策略，但我只是机械地使用	3 应用 我使用这个策略，并监控它的工作情况	4 创新 我非常了解这个策略，所以我创建了自己的版本
将课堂内容与学生的生活相联系					
比较活动	0	1	2	3	4
类比推理	0	1	2	3	4
将所学知识与学生的人生抱负相联系					
规划个人事业	0	1	2	3	4
鼓励学生应用所学知识解决复杂任务					
设计具有认知挑战性的任务	0	1	2	3	4

续表

	0 不使用 我从不使用这种策略	1 开始 我有时用这个策略，但我认为我用得不对	2 发展 我使用这个策略，但我只是机械地使用	3 应用 我使用这个策略，并监控它的工作情况	4 创新 我非常了解这个策略，所以我创建了自己的版本
提供选择	0	1	2	3	4
实际应用	0	1	2	3	4

小 结

本章首先简要讨论了专注力和参与度研究模型中的第三个问题"这重要吗"。我们讨论了如何让学生比较他们的个人生活和课堂内容，以及如何帮助他们与所学内容建立重要联系。我们还讨论了规划个人事业的七个阶段，旨在鼓励学生展望未来，并确定实现长期目标的现实路径。最后，我们讨论了教师如何通过布置复杂的认知任务，在课堂上给予学生有组织的选择，以及为学生提供在现实世界中学习的机会，来鼓励学生应用所学知识。

第**5**章

我能做到吗

学生们如何回答"我能做到吗"这个具有象征意义的问题，在很大程度上定义了他们的自我效能感。自我效能感很可能是影响参与度的最重要因素。即使学生感觉良好（"我感觉如何？"），对正在发生的事情感兴趣（"我感兴趣吗？"），并认为它很重要（"这重要吗？"），但如果他们认为任务是不可能完成的，他们就可能不会完全投入。换句话说，如果一个学生对"我能做到吗"的答案是"不"，那他就不太可能参与。在本章中，我们将探讨四种提升学生自我效能感的策略：（1）助力学生追踪与研究学习进度；（2）给予行之有效的口头反馈；（3）引用体现自我效能感的范例；（4）教导学生有关自我效能感的知识。

助力学生追踪与研究学习进度

为了培养学生的自我效能感，学生可以追踪他们的学习进度，研究他们的行为和学业成绩之间的关系。通过追踪学习进度来发展自我效能感的综合方法有：追踪学习进度；设定个人学习目标；检查努力程度和准备程度。

追踪学习进度

首先,学生在一个特定的学习目标上标记出他们的学习进度。例如,数学老师可以让学生追踪他们在特定时间内可以解决多少特定类型的问题;语言艺术老师可以让学生追踪他们在每周测试中正确拼写了多少单词。图4是一名学生的拼写考试成绩图表。

图4中的分数是百分数。当评估涉及一个非常具体的技能领域(如拼写、解决特定类型的数学问题、使用特定类型的标点符号等)时,使用百分数非常有效。当内容更基础、技能基础较低时,百分数可能无法准确反映学生的成长情况。这是因为,基于不同的评估难度级别,处理一般信息知识的评估往往侧重于知识的不同方面。在这些情况下,学生在具体评估中的得分可能比在早期评估中的得分低,但仍然比以前知道的多。这是因为第二次评估涉及的内容比第一次更复杂。因此,对于一般信息知识,我们建议使用表5-1中所示的指标或量表。

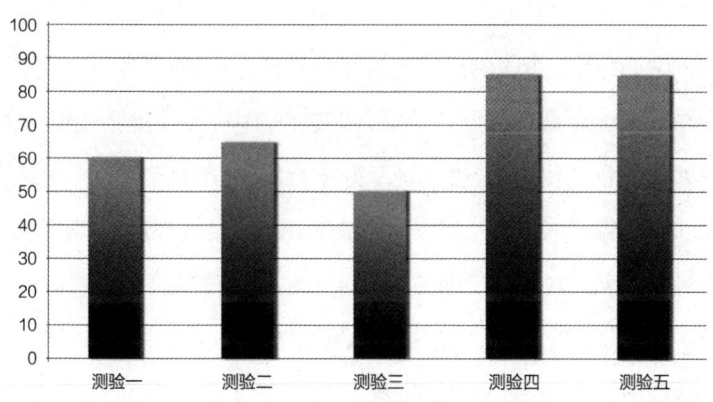

图4 拼写考试成绩

表5-1 掌握可遗传和非遗传特征学习内容程度量表

得分4.0	学生能够讨论可遗传性状和非遗传特征是如何相互影响的
得分3.0	在现实生活中，学生能够区分可遗传特征和非遗传特征
得分2.0	学生能够识别关于可遗传和非遗传特征的准确陈述和个案
得分1.0	在老师帮助下能部分达到得分2.0和3.0的要求
得分0	即使有老师帮助，也没有成功

表5-2 等级的一般形式

得分4.0	更复杂的内容
得分3.0	能够完成学习目标
得分2.0	更简单的内容
得分1.0	在老师帮助下能部分达到得分1.0、2.0和3.0的要求
得分0	即使有老师帮助，也没有成功

如表5-2所示，量表的最重要的部分是得分3.0的内容，它代表了一个特定单元或一组课程的学习目标，在表5-1中，就是能区分可遗传特征和非遗传特征。得分4.0通常表示得分3.0中内容的应用，它讨论了可遗传和非遗传特征如何相互影响。得分2.0表示与目标相关的更简单的内容，在表5-1中，它是指识别关于可遗传和非遗传特征的准确陈述。得分1.0不涉及新内容，相反，它表明学生不能独立准确地处理内容，但在老师的帮助下，可以表现出部分理解。最后，分数0表明即使有老师帮助，学生也没有表现出掌握了任何知识。

许多教师更喜欢采用半分制的量表，这样可以提高精细度。例如，表5-3所示的量表可以让教师对学生对于更简单内容（得分2.0），以及部分但不是全部目标内容的掌握程度进行打分——这个分数是2.5。

表5-3 完整等级

得分4.0	更复杂的内容
得分3.5	除了掌握了得分3.0的内容，也掌握了部分得分4.0的内容
得分3.0	完成学习目标
得分2.5	得分2.0的内容无重大错误或遗漏，也掌握了部分得分3.0的内容
得分2.0	更简单的内容
得分1.5	得分2.0的内容部分掌握，得分3.0的内容出现重大错误或遗漏
得分1.0	在老师的帮助下能掌握得分1.0的内容，部分掌握得分2.0的内容和3.0的内容
得分0.5	在老师的帮助下可掌握得分0.5的内容，部分掌握得分2.0的内容，不能掌握得分3.0的内容
得分0	即使有老师帮助，也没有成功

图5记录了某学生在四次评估中的进展情况。这名学生一开始的分数是1.5分，最后的分数是2.0分，但他也得过2.5分的高分。通过让学生追踪他们的学习进度，老师鼓励他们不要把评估看成孤立的测试——会永久地影响他们的整体成绩，而是把它看成对他们的学习和进步的连续测量。

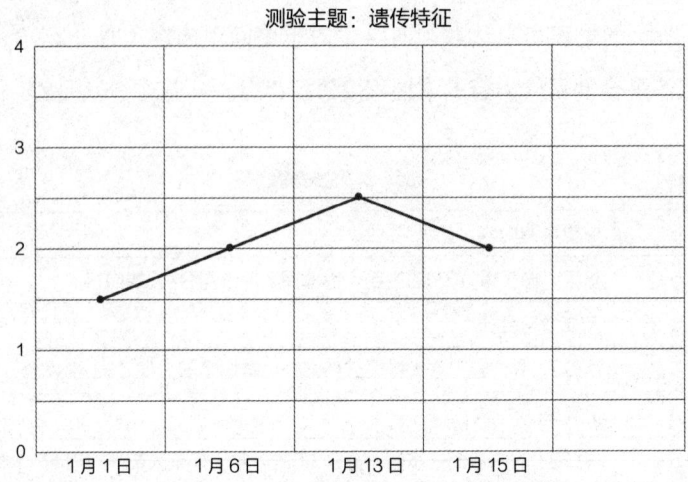

图5 关于可遗传特征的个人学业进度表

设定个人学习目标

除了追踪他们的进度，还可以让学生为他们的个人进步设定个人目标，并制定实现目标的策略。为此，图6中的表单非常有用。

注意，图6中的表单为学生的成绩目标标记了所处的位置。在这种情况下，学生希望在单元课程结束时达到4.0分。该表格还包含一个部分，供学生记录他将如何回答"可遗传和非遗传特征如何相互影响"这个问题。最后，在表格上有一部分是让学生回答"我做得怎么样"。学生应该定期填写这一部分，也许每天都要填写。老师可能会在每天课后给学生几分钟时间，以记录他们对进步的看法。老师也可以为此提供一些指导，要求学生们确定"那些帮助你成功的事情"和"那些阻碍你成功的事情"。在这种情况下，艾弗里注意到，她不得不停止看电视，因为这使她无法按计划行事。下面的案例描述了如何在课堂上使用学生目标设定表。

> **名字：** 艾弗里·德马科
>
> **我的目标是：** 在本单元课程结束时取得 4.0 分的成绩。
>
> **我要做什么来实现我的目标：** 我每天晚上至少要花十分钟来研究可遗传和非遗传特征是如何相互影响的。
>
> **我做得怎么样：** 我没有按照计划每晚学习十分钟。我不能再看那么多电视了。

图6 学生目标设定表

社会学课上，曼迪关于公民责任这一主题的学习目标已经达到了2.0分。她写下了下面的成绩目标："到单元结束时，我想获得3.5分。"她知道，为了实现这个目标，她还有一些工作要做。她写道："我会每周复习一次课堂笔记，回答课本上的复习问题，放学后参加复习课，准备考试。"每隔几天，曼迪的老师会让学生写一两句关于他们感觉进展如何的句子。曼迪写道："我确实复习了课堂笔记，回答了课本上的一些问题，但我没有回答所有的问题。我认为我在进步，但我应该更加努力，以确保我达到目标。"当确定什么对她有帮助和阻碍时，曼迪写道："设定目标有助于我保持正轨；向我妈妈展示我的目标设定表，以便她提醒我需要做什么。整理作业和笔记对我也有帮助，当它们被整理好的时候，复习也容易得多。最近我做了很多舞蹈练习来准备独奏会，这会妨碍我的学习。而且，有时我在学习的时候打开电视，我想这可能比想象的更让我分心。

另一件妨碍我的事是，我不喜欢这个话题，就像我们研究过的其他一些话题一样。当我觉得这个话题不是很有趣时，我很难全身心投入。"

检查努力程度和准备程度

作为追踪学习进度的最后一项活动，教师可以指导学生检查他们的努力程度和准备程度。为此，教师可以使用表5-4所示的量表。

表5-4 努力和准备程度等级量表

得分4.0	为了确保我完成我的目标，我比我认为的更加努力，准备更充分
得分3.0	我很努力，也做了充分的准备来实现我的目标
得分2.0	我很努力，但没有尽我所能做好准备
得分1.0	我没有很努力或准备得很好
得分0	我并没有真正的尝试或准备

注意，表5-4中的等级将努力和准备联系起来。这是因为对于学术内容来说，努力学习和全神贯注并不是完成复杂学习目标所必需的。相反，学生通常必须通过课外学习、阅读和做作业来进行准备。按照表5-4，学生可以绘制他们的努力水平和学业成绩图，如图7所示。

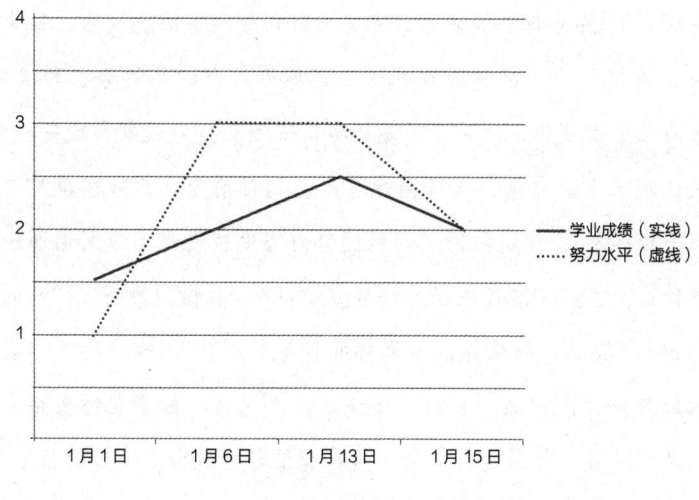

图7 努力水平和学业成绩进度图

图7包含两条线。实线追踪的是学生的学业成绩，当然，与图5所示的线相同。虚线追踪的是学生的努力和准备程度。这条线是根据学生的自我评估得出的，学生的自我评估使用了表5-4所示的努力和准备程度等级量表。在这里，学生的第一个分数是1.0，表明学生不是很努力或准备不够充分；第二个和第三个分数是3.0，这表明学生为了完成他的目标，已经足够努力，并且准备得足够好；第四个分数降到了2.0，这表明这个学生通过上课已经足够努力，但是没有做好充分准备。让学生在追踪学习成绩的同时追踪努力和准备程度，能够提高他们对两者之间联系的认识，从而增强他们的自我效能感。如果老师也积极地让学生讨论努力水平和学业成绩之间的关系，那么学生可以从理解这种联系中获益更多。下面的案例描述了一个学生如何追踪其在课堂上的努力和准备程度。

温迪在数学单元课程开始时就设定了一个目标，即在单元课程结束时，她想获得3.5的分数。她认为，完成家庭作业和每周挑战题，每天学习30分钟，持续一周，将是为达到这一目标要付出的足够努力和准备。在接下来的三个星期里，她追踪了她的考试成绩、努力程度和准备程度。就在单元的期末考试之前，老师向她指出，到目前为止，她在单元中取得的最高分数是3.0，在这段时间内她的努力程度也更高。她问温迪这可能意味着什么。她说："这证明了当我努力学习时，我做得更好。""是的，"她的老师说，"所以，如果你想达到你的目标，获得3.5的分数，你应该在我们的最终测试之前做什么？"温迪说，很明显，她需要付出相当多的努力，做好准备，如果她这样做，她就有很好的机会实现她的目标。

练习5.1 助力学生追踪和研究学习进度

1. 追踪学生学习进度与成长型思维模式有何关联？
2. 让学生为他们的目标制订一个计划，并追踪他们的努力和准备程度，这对学生追踪其学习进度有什么好处？

给予行之有效的口头反馈

如第一章所述，德韦克的自我理论概念是描述自我效能感的本质及其发展过程的最有用的概念之一。她对固定型思维和成长型思维的区分构成了本章许多建议的基础。

在这一部分中，我们认为，教师可以通过口头反馈对学生固定型思维或成长型思维模式发展产生微妙但重要的影响。某些类型的反馈倾向于强化固定型思维，而其他类型的反馈倾向于强化成长型思维。虽然教师提供的语言反馈类型确实不会导致学生形成特定的自我理论，但它会使学生倾向于某一种理论。最重要的是，课堂上的口头反馈完全在课堂老师的控制之下。因此，所有的教师都应该使用口头反馈强化学生的成长型思维。

要避免的语言反馈类型

我们要避免一种相当明显的口头反馈类型——引用学生的固定特征。如果老师给学生反馈说，他很差或不如别人，这就强化了关于能力的固定型思维——学生要么有能力，要么没有。同样的警告也适用于表示学生表现良好的口头反馈。它也传达了一个信息——学生要么拥有它，要么没有。任何类型的规范引用都可以强化固定型思维。因此，如果老师告诉学生，他比其他学生做得好或差，老师可能会不知不觉地强化固定型思维。另一种需要避免的口头反馈是提及智力或天赋。例如，一个中学老师应该避免说"你很快就解决了所有的数学问题，看看你有多聪明"。再次强调，提到固定的特征，无论是积极的还是消极的，都可以强化固定型思维。

下面的案例说明了口头反馈的潜在有害影响——强化了固定型思维。

兰扬老师的班级轮流朗读故事一小时。简大声读了几句话，兰扬老师说："谢谢你，简。"丹尼斯接着读。他比简读得更清楚，因为他和母亲每天晚上都大声朗读。兰扬老师说："太棒了，丹尼斯，你真聪明！"在接下来的一段时间里，兰扬老师注意到简在阅读方面遇到了更多的困难。她坐立不安，总是磕磕巴巴。在家长会上，当兰扬老师与简和她的父亲交谈时，简说她不想大声朗读，因为她不像丹尼斯那样聪明。她只想一个人待着。

合适的语言反馈类型

虽然教师应该避免某些类型的口头反馈，但他们应该利用其他类型的反馈。我们首先思考，如何为完成得好的任务提供口头反馈。然后，我们会思考工作做得不好时的口头反馈。

正如我们已经看到的，任何关于学生的固定型思维特征的提法都是不可取的。然而，提及学生如何参与一项任务是非常有用的。这种类型的反馈通常与努力或准备程度有关。例如，一个老师可能会说："你在这个作业上做得很好。很明显你在这方面做了很多工作。"同样，老师可能会说："很明显，你为这次考试做了充分的准备。"当一项任务完成得很好时，建议使用以下语句。

- 你在这方面很努力，工作做得不错。
- 你为此付出了很多努力，很棒。
- 你非常专注，坚持下去。
- 你准备得很充分，也确实得到了回报。
- 你真的想得很清楚，完成工作很出色。
- 你见多识广，很好。
- 你已经准备好了，做得不错。

正如这些示例所表明的，赞扬学生的努力和工作质量，可以避免任何关于他们长期特征的陈述。当对完成得很好的任务提供反馈时，最好也提及完成得很好的任务的各个方面。下面的案例描述了教师如何做到这一点。

在一次师生会议上,布鲁老师正在和霍勒斯讨论他最近描写埃莉诺·罗斯福(Eleanor Roosevelt)的文章。她说:"很明显,你真的很努力。你的文章写得很好,尤其是关于她作为第一夫人的影响力的那部分。看来你花了很多时间仔细研究她在白宫的日子,你做得很棒。"

对一项做得很差的任务提供口头反馈,与对完成得很好的任务提供反馈,具有一些相同的使用技巧。例如,对任务中做得好的方面进行评论总是合适的;就本可以做得更好的任务的各个方面提供反馈也是适当和有用的。下面的案例描述了教师如何使用这种方法。

一天下课后,哈特斯威克老师正在和兰斯讨论他最近在科学测试中的表现。"你在词汇问题上做得很好,"他说,"你为学习这些术语做了充分的准备,但你在边缘系统这一节上似乎遇到了大麻烦。你并没有真正描述这个系统是如何工作的,以及它的功能是什么。也许我们可以安排一个时间再复习一遍,这样下次考试的时候你就会准备得更好。"

对做得不好的工作进行口头反馈,可能还包括在适当的时候对努力和准备程度进行评论。如果一个学生在一项任务上付出了努力或做了准备,即使任务结果不太好,那他也应该得到承认。然而,如果学生缺乏努力或准备,显然这是影响任务结果的一个因素,老师就应该引起学生对此的注意。一般来说,当学生明显缺乏努力或准备时,他们应该得到反馈。这种反馈应该帮助学生在缺乏努力和他们的表现之间建立联系,让他们在未来更加努力或更好地准备,不应该让他们因为没有在手头的特定任务上付出足够的努力或做准备而感到尴尬。为了说明这一点,请思考前面的哈特斯威克老师和兰斯的例子。如果兰斯在科学测试中表现相对较差，部分原因是缺乏努力，哈特斯威克老师可能会说："兰斯，你为测试做了多少准备？你通常对我们做的每件事都有很好的准备。"把这个问题提出来并不意味着这个学生有任何缺陷，也不代表给这个学生贴上了任何标签。

表5-5总结了对于成功和失败的学生表现，应该如何提供口头反馈。

关于提供口头反馈，还有一点建议。在本节中，我们提供了关于应该做什么和不应该做什么的指南。我们提醒读者，不要将这些指导方针逐字逐句地翻译成规则。教师不应该只关注所使用的单词和短语，而应该把单词背后的信息牢记在心。这条信息应该永远是，如果学生努力学习，做好准备，那他们就可以完成伟大的事情。教师可以通过行动和语言来传达这一信息。如果这一信息是明确的、一致的，那在某些情况下，本节中提出的准则可能会被修改，甚至违反，但修改后仍然会产生预期的结果。

表5-5 提供口头反馈的建议

	成功的学生表现	失败的学生表现
任务的具体方面	老师指出任务中做得好的方面	老师指出任务做得好的方面和做得不好的方面
学生的努力和准备程度	老师评价学生明显的努力和准备	老师积极评价学生的努力和准备，或就学生缺乏努力和准备提出问题

练习5.2 给予行之有效的口头反馈

以下课堂情景运用了哪些反馈形式?

A. 老师应该避免使用的反馈方式。

B. 老师对完成任务的学生进行了有效的口头反馈。

C. 老师对在某项任务上表现不佳的学生有效地使用口头反馈。

1. 雷德蒙老师在体育馆里走来走去,因为她的学生正在玩三种不同的排球游戏。她根据自己所看到的景象向不同的学生喊话。阿诺德是一名学生,他过去一直在体育课上有很多困难。雷德蒙老师注意到他今天比平时付出了更多的努力,但表现并没有好多少。当他休息的时候,她走近他说:"你今天可真够投入的,阿诺德。"在认可了他的努力后,她给了他一些建议,"当你发球时,试着在你的手摆动过程中观察球,直到它越过网。你可以在练习中很好地体会用这种方式需要多少力量"。

2. 鲍尔斯老师的艺术史课一直在研究杰克逊·波洛克(Jackson Pollock)的作品及其对抽象表现主义的影响。班上正在讨论"混沌"在他的作品中的作用。布兰登说:"鲍尔斯老师,我就是想不明白。我觉得这只是飞溅。我能不能把什么东西洒在地上,并称之为混沌呢?"鲍尔斯老师以前听到过布兰登这样的评论。在她看来,他似乎从不能欣赏任何课堂上的学习作品。她说:"不,布兰登,你不能。我想你只是不会欣赏抽象艺术。"

> 3. 诺里斯老师的科学课是学习人体解剖学。他进行了一个小测验，以了解学生在单元学习中掌握了多少内容。他注意到费利西亚刚开始的时候对此门课的了解很少，但她第一次考试的分数很高。在一次与她的私人谈话中，他说："你这次考试考得很好。你正确地回答了关于骨骼系统的每一个问题。看来你真的认真准备了，也学到了很多。"他给她看了小测验的分数，这样她就能知道自己到底学到了多少。

引用体现自我效能感的范例

将学生的努力和准备程度与成绩联系起来，对学生进行自我效能感的讨论和研究具有重要的意义；每个人都需要提醒自己，强烈的自我效能感在塑造一个人的未来方面有多么强大的力量。在本节中，我们考虑使用鼓舞人心的故事和引语作为向学生展示自我效能感的例子。

故事

文学作品和历史记载中充满了这样的故事，故事主人公的生活证明了自我效能感的力量。老师可以定期向学生讲述这些故事。思考以下三个故事是如何展示自我效能感的力量的。

创建可持续发展社区的威尔·艾伦

威尔·艾伦（Will Allen）在华盛顿特区外的一个农场长大。他的父亲是一名建筑工人，家里有13个孩子，他们从来没有上过学。艾伦最初对篮球感兴趣，在获得迈阿密大学的奖学金后，一直到28岁，他都在欧洲打职业篮球。随后他举家迁到威斯康星州的密尔沃基,因为他妻子家在那里拥有一些农田。那片土地之前一直荒芜,他们到那里之后,开始在农田里种植粮食。像他的父母一样,他坚持让他的三个孩子参与经营农场。起初,他只是为家人种植粮食,然后在农贸市场出售多余的粮食,或者把它们捐赠给当地的食品储藏室。1993年,他买下了一个苗圃,希望一年四季都能种出粮食。他邀请当地的青少年到他的农场,教他们种植粮食。然后,他与一家可持续农业慈善机构合作,创建了一个不断壮大的组织"成长的力量",现在有超过40英亩的土地由员工和志愿者管理。农场由6个温室、8个种植药草和蔬菜的温室组成。农场里饲养着鸡、山羊、鸭子、火鸡、罗非鱼和鲈鱼,甚至还有很多蜂箱。2008年,麦克阿瑟基金会授予艾伦"天才奖"和50万美元。他希望最终建立一个完全可持续的社区,让来自世界各地的人们来这里学习如何创建类似的社区。

倡导妇女权利的苏拉亚·帕克扎德

1988年,塔利班在阿富汗掌权,在塔利班统治下,妇女不允许接受教育,她们甚至不能学习如何阅读。不过,苏拉亚·帕克扎德(Suraya Pakzad)开始在家乡赫拉特市使用私人捐赠的书籍来教女孩子和年轻妇女阅读。她成立了一个名为"妇女之声"的组织,在塔利班倒台之前一直秘密运作。"妇女之声"现在公开庇护阿富汗妇女,并提供就业培训和咨询。她庇护的妇女很多是从监狱中释放出来的,或者是从暴力婚姻中逃脱出来的。虽然"妇女之声"现在能够公开为妇女争取权利,但帕克扎德仍然每天面临死亡威胁。这些威胁几乎没有停止过——在两年的时间里(2006-2008),一名杰出的女警官、一位妇女事务部主任和一名女记者在阿富汗被谋杀,因为她们公开地倡导妇女权利。尽管存在危险,帕克扎德现在依旧在阿富汗各地的研讨会上发言，并曾获得国际妇女勇气奖。

投身于教育事业的罗兰·弗莱尔

罗兰·弗莱尔（Roland Fryer）在佛罗里达州的代托纳海滩长大，那里是一个毒品猖獗的城市社区。在奶奶的帮助下，他获得了得克萨斯大学的体育奖学金。他真正开始变得出类拔萃是在大学里。他不仅从数学专业毕业，还在30岁时获得了博士学位，成为哈佛大学的终身教授。他是有史以来获得这一职位的最年轻的非洲裔美国人。不过，他并没有就此打住。他在哈佛大学创建了教育创新实验室，专门从事教育领域的研究和开发。为了提高教育质量，他现在与学区合作，帮助学校管理人员、教师和学生了解影响城市地区低绩效的因素。他甚至亲自拜访学生，鼓励他们通过教育投资自己的未来。

教师可以使用多种资源收集类似的故事。

- 《时代周刊》网站。《时代周刊》以其人物专访而闻名，其官方网站甚至有一个专门的版块，由明星在线回答观众提出的10个问题。《时代周刊》每年评选的"100位最具影响力的人物"也是鼓舞人心的个人故事来源。
- 《有勇气的孩子：年轻人改变世界的真实故事》（*Kids With Courage: True Stories About Young People Making a Difference*），芭芭拉·A. 刘易斯（Barbara A. Lewis）著。这本书和其他类似的书一样，都讲述了一些年轻人的个人故事，他们面临着许多生活障碍，在危险的环境中英勇地行动，或者为社会事业、环境事业雄心勃勃地奋斗着。

- 《这也是我们的世界》(It's Our World, Too!),菲利普·M.胡斯(Phillip M. Hoose)著,讲述了一群年轻人正在改变世界的故事。这本书为想有所作为但不知该怎么做的年轻人,提供了个人故事和具体的策略,例如,它有一个章节介绍了10种用来改变自己的工具。

除了以上资源,教师还可以使用以下电影资源:

- 鲁迪(Rudy)
- 美丽心灵(A Beautiful Mind)
- 十月的天空(October Sky)
- 雾都孤儿(Oliver Twist)
- 光荣战役(Glory)
- 生命因你而动听(Mr. Holland's Opus)
- 当幸福来敲门(The Pursuit of Happyness)
- 阿波罗13号(Apollo 13)
- 费城故事(Philadelphia)
- 全垒打王(Babe)

体现自我效能感的故事可以帮助教师以多种方式强化成长型思维。很明显,它们非常适合用于第四章所讨论的个人事业。在学生们制定他们的个人事业目标时,老师可以讲述一些人们克服重重困难、实现令人印象深刻的目标的故事。阅读完一段故事后,老师可能会引导学生讨论故事的细节如何与学生的个人事业相关联。

即使没有使用个人事业,教师也可以把故事当作工具来激发关于自我效能感的讨论。许多课程在课后都有放松时间,老师可以用激发讨论的故事来填满这些时间。

如果在课堂上有系统地使用具有强烈自我效能感的人的故事，学生们就可以分辨出那些即使面对重大障碍也能成就大事的人的共同特征。为此，表5-6可能会有所帮助。

表5-6 效能特征表

有强烈自我效能感的人	特征1	特征2	特征3	特征4
人物1				
人物2				
人物3				
人物4				

当阅读和讨论完一些故事后，老师可以把学生分成小组。每组列出与自我效能感相关的特征，并检查每个特征与每个人物的关系。然后小组分享他们的结论。此外，该课程还可以生成一个列表，列出鼓舞人心的人所显示的特性，并将其张贴在教室的显著位置。下面的案例描述了如何使用故事来展示自我效能感。

克莱恩老师经常在下课前五分钟结束他的课，这样他或学生们就可以分享励志故事。有时，他分享士兵在战斗中表现出勇敢的故事；有时，他分享职业运动员克服贫困或虐待的故事。不管故事是什么，主题总是关于克服障碍和实现梦想。他没有时间在讲完每一个故事后展开讨论，但他发现学生们会在课堂外和他一起讨论这些故事。他发现，学生们在上课时，会以令人惊讶的方式想起这些故事。有时他会留出更多的时间进行课堂讨论，学生们会谈论影响他们的故事以及原因。他发现，不必费尽心思，就能让学生们看到这些故事与他们在课堂内外生活中遇到的大小障碍之间的联系。

引语

　　引语是提供自我效能感示例的另一个强大工具。在日常生活中，或至少系统地在一节课内讨论引语的含义，因为它们与个人事业有关。即使无关个人事业，也可以在课堂休息期间讨论引语及其含义。

　　除了简单地讨论引语外，学生还可以保留对他们最有意义的引语列表。他们也可以研究这些名言背后的故事。例如，某个学生可能想知道富兰克林·德拉诺·罗斯福为什么会说"当你走到绳子的尽头时，打个结，然后再坚持下去"。最后，老师可以让学生收集他们自己对自我效能感的评价。学生可以在公告栏上发布一个引语列表，并定期更新它。下面的是一个在课堂上使用引语的案例。

　　克里斯多夫老师在很多课开始时都会引用一句名人名言，让学生们把每句话都记在笔记本上。比如考试前几天，她会直接引用温斯顿·丘吉尔说过的一句话，"如果你正在经历地狱，那就继续前进"。学生们因为这句有趣的话而放声大笑，但也受到了鼓励。更多的时候，她会引用穆罕默德·阿里（Muhammad Ali）的一句话，"我是最伟大的，在我还不确定这一点的时候，我就已经这么告诉自己"。

　　她让学生们想象自己在说这样的话："如果你有可能成为世界上最伟大的人，你会成为世界上最伟大的人吗？"每当她让学生们思考自己的梦想时，她就会问他们："你们认为默罕默德的声明对成功的信心意味着什么？"并告诉他们，即使穆罕默德没有向自己证明自己，更不用说其他人，他仍然说他是最伟大的。"你认为这对他有什么帮助？"最后，她让他们想想他们对自己能力的看法:"你说过你是最伟大的吗?如果你从没有说过,你现在会怎么做?"

以下是五类有助提升效能感的精选语录:(1)坚持不懈;(2)改变;(3)追随希望与梦想;(4)抗争;(5)乐观。

坚持不懈

1. 天才在于长久的忍耐。——米开朗基罗

2. 冰冻三尺,非一日之寒。——佚名

3. 如果你找到一条没有障碍的路,它可能不会通向任何地方。——佚名

4. 胜利者就是那些在步步荆棘时仍能扬鞭奋蹄的人。——罗杰·班尼斯特(Roger Bannister)

5. 没有奋斗,就没有进步。——弗雷德里克·道格拉斯(Frederick Douglass)

6. 天才是99%的汗水加1%的灵感。——爱迪生

7. 困难之中蕴藏着机遇。——爱因斯坦

8. 成功很大程度上就是在别人都放弃时,自己仍然在坚持。——威廉·费瑟(William Feather)

9. 疼痛是暂时的。它可能会持续一分钟、一小时、一天,或一年,但最终它会消退,其他的东西会取代它。但是,如果我退出,它将永远持续下去。——兰斯·阿姆斯特朗(Lance Armstrong)

10. 我讨厌每一分钟的训练,但我说,不要放弃。现在就受苦吧,以冠军的身份度过余生。——穆罕默德·阿里

11. 在我的一生中,我失败了一次又一次,这就是我成功的原因。——迈克尔·乔丹

12. 当你走到绳子的尽头时,打个结,然后坚持下去。——富兰克林·德拉诺·罗斯福

13. 我总是做我做不到的事,以便我能学会怎么做。——巴勃罗·毕加索

14. 不要害怕犯错,世上本没有错误。——迈尔斯·戴维斯(Miles Davis)

15. 幸福不在于幸福本身,而在得到幸福的过程。——费奥多·陀思妥耶夫斯基(Feododos Stoevsky)

16. 我必须坚持下去。如果我不这样做,那将是我犯的最大的商业错误。——史蒂夫·马丁(Steve Martin)

17. 坚持就是失败19次,在第20次成功。——朱莉·安德鲁斯(Julie Andrews)

18. 能力平庸的人有时会取得非凡的成功,因为他们不知道什么时候该放弃。大多数人成功是因为他们有决心。——乔治·E.艾伦(George E. Allen)

19. 毅力和固执的区别在于,一个来自坚强的意志,另一个来自坚强的不情愿。——亨利·沃德·比彻(Henry Ward Beecher)

20. 野心是通往成功的道路。毅力是你到达目的地的工具。——比尔·布拉德利(Bill Bradley)

21. 世界上大多数重要的事情,都是由那些在似乎毫无帮助的情况下继续努力的人完成的。——戴尔·卡内基

22. 当你伸手去摘星星的时候，你可能摘不到，但是你也不会沾到一把泥巴。——里奥·伯内特（Leo Burnett）

23. 所有伟大的大师的主要特点是，能够迈出第二步、第三步，也许还有第四步。许多人已经迈出了第一步。每多走一步，你就会极大地提升第一步的价值。——拉尔夫·沃尔多·爱默生

24. 历史证明，最著名的获胜者，通常在获胜前遇到令人心碎的障碍。他们获胜是因为他们拒绝因失败而气馁。——伯蒂·福布斯

25. 坚持不懈是成功的重要因素。如果你敲门的时间够长，声音够大，你一定会吵醒某个人。——亨利·沃兹沃思·朗费罗（Henry Wadsworth Longfellow）

26. 美国的故事不是关于那些当事情变得艰难时人们放弃的故事，而是关于那些坚持不懈、努力奋斗、深爱着他们的国家的人们的故事。——巴拉克·奥巴马

27. 重要的不是你是否被击倒，而是你是否能站起来。——文斯·隆巴迪（Vince Lombardi）

28. 不要等待领袖，一个人做，一对一完成。——特蕾莎修女

29. 我知道上帝不会给我无法完成的事情，我只希望他不要那么信任我。——特蕾莎修女

30. 焦虑是创造力的使女。——T.S.艾略特（T. S. Eliot）

31. 成功就是不断地失败，而不丧失热情。——温斯顿·丘吉尔

改变

1. 如果我们等待其他人或其他时间，变革就不会到来。我们就是我

们一直在等待的那个人。我们就是我们所追求的改变。——巴拉克·奥巴马

2. 改变是不可避免的，成长是有意为之。——格伦达·克劳德（Glenda Cloud）

3. 改变不是随着不可避免的车轮滚滚而来，而是通过不断的奋斗而来。因此，我们必须挺直腰板，为自由而努力。你不弯下腰，别人就不能骑在你头上。——马丁·路德·金

4. 你今天做的事是因为你想做，还是因为这是你过去一成不变在做的事？——菲尔·麦格劳（Phil McGraw）

5. 人们总是说时间能改变一切，但实际上你必须自己去改变它们。——安迪·沃霍尔（Andy Warhol）

6. 对僵化观点的忠诚，从未打破锁链或解放过人类的灵魂。——马克·吐温

7. 任何变革都遭到抵制，因为官僚们对他们所处的混乱局面有着既得利益。——理查德·尼克松

8. 世界就在你面前，你不必接受它，也不必离开它，就像你进来时一样。——詹姆斯·鲍德温（James Baldwin）

9. 永远不要怀疑，一小群有思想、有决心的公民能够改变世界。事实上，这是唯一应该拥有的东西。——玛格丽特·米德（Margaret Mead）

10. 习惯的锁链太轻了，你感觉不到，直到它们太重而无法打破。——沃伦·巴菲特

11. 如果你想真正理解某件事，试着改变它。——库尔特·勒温（Kurt Lewin）

12. 要么适应，要么灭亡，一如既往，这是大自然的必然要求。——H.G.威尔斯（H. G. Wells）

13. 虽然没有人可以回到过去重新开始，但任何人都可以从现在开始，创造一个全新的结局。——佚名

14. 人不能两次踏入同一条河流。——赫拉克利特

15. 改变是困难的。不改变是致命的。——艾德·艾伦（Ed Allen）

追随希望与梦想

1. 一个与众不同的世界不能由冷漠的人建立。——佚名

2. 我是最伟大的，在我还不确定这一点的时候，我就已经这么告诉自己。——穆罕默德·阿里

3. 我们所有的人都无法实现完美的梦想。所以我基于我们出色地完成了不可能完成的事来做出评判。——威廉·福克纳（William Faulkner）

4. 未来属于那些相信梦想之美的人。——埃莉诺·罗斯福

5. 有些人针对眼前的事物，不停问为什么……我却梦想着前所未有的事情，问为什么不呢？——罗伯特·肯尼迪

6. 每个艺术家都是业余的。——拉尔夫·沃尔多·爱默生

7. 我母亲对我说："如果你是一名士兵，你将成为一名将军。如果你是一个信徒，你将成为教皇。"然而，我是一位画家，并成为了毕加索。——巴勃罗·毕加索

8. 不要让你不能做的事干扰你能做的事。——约翰·R.伍德

9. 在我的一生中，我做过许多梦，这些梦一直伴随着我，改变了我

的思想。它们穿过我,穿过我,就像酒穿过水一样,改变了我思想的颜色。——艾米莉·勃朗特

10. 直到后悔取代了梦想,一个人才算老。——约翰·巴里摩尔(John Barrymore)

11. 因为不知道黎明何时来临,我就打开每一扇门。——艾米丽·迪金森(Emily Dickinson)

12. 不要做小梦,因为它们没有感动人心的力量。——约翰·沃尔夫冈·冯·歌德

13. 梦想总是跑在我前面。只要能迎头赶上,哪怕只有一瞬间与生活步调一致,那就是奇迹。——阿娜伊斯·宁(Anais Nin)

14. 我的梦都是我自己的,我没有向任何人解释。它们是我烦恼时的避难所,是我自由时的最大乐趣。——玛丽·雪莱

15. 要实现不可能的事,就必须考虑荒谬。去别人都看过的地方,却去看没人看过的东西。——佚名

16. 确定你要的比害怕的多。——比尔·考斯比(Bill Cosby)

17. 如果你做到了,那就不是吹牛。——沃尔特·惠特曼

18. 如果每个人的想法都一样,那就是有人没有思考。——巴顿将军

19. 想象力主宰世界。——拿破仑·波拿巴

20. 向后看只会成为一种糟糕的回忆。——刘易斯·卡罗尔(Lewis Carrol)

21. 不要害怕看到你所看到的。——罗纳德·里根(Ronald Reagan)

22. 你不能限制任何事情。你梦想得越多,你就走得越远。——迈克尔·菲尔普斯

23. 历史会对我很好，因为我打算写下它。——温斯顿·丘吉尔

24. 在六岁的时候，我想成为一名厨师。七岁时，我想成为拿破仑。从那以后，我的抱负一直在增长。——萨尔瓦多·达利

抗争

1. 没有你的同意，没有人能让你感到自卑。——埃莉诺·罗斯福

2. 有时我们无力阻止不公正，但我们绝不能拒绝抗争。——埃利·维塞尔（Elie Wiesel）

3. 邪恶胜利的唯一必要条件是，好人什么都不做。——埃德蒙·伯克（Edmund Burke）

4. 我们必须筑起勇气之堤，来阻挡恐惧的洪流。——马丁·路德·金

5. 我曾经认为，任何做奇怪事情的人都是奇怪的。现在我知道了，是那些称别人为怪人的人才是怪人。——保罗·麦卡特尼（Paul McCartney）

6. 如果你摔断脖子，如果你没有东西吃，如果你的房子着火了，那么你就有问题了。其他一切都只是不便。——罗伯特·富勒姆（Robert Fulghum）

7. 平静的大海造就不了熟练的水手。——非洲谚语

8. 我不知道成功的关键是什么，但失败的关键是取悦每一个人。——比尔·考斯比（Bill Cosby）

9. 如果我的批评者看到我在泰晤士河上行走，他们会说这是因为我不会游泳。——玛格丽特·撒切尔

10. 明白了，你不应该一辈子都戴着棒球手套，你需要能够把球扔

回去。——玛雅·安杰洛（Maya Angelou）

11. 所有负面的东西——压力、挑战对我来说都是一个提升的机会。——科比·布莱恩特

12. 困难是历史从不接受的借口。——爱德华·R.默罗（Edward R. Murrow）

13. 在每一项任务上都尽力而为，不管它在当时看起来多么不重要。对于一个问题，没有人比底层的人了解得更多。——桑德拉·戴·奥康纳（Sandra Day O'Connor）

乐观

1. 当你出生的时候，你哭了，全世界都为你高兴……好好生活吧，这样你死的时候，世界为你哭泣，你却快乐。——切罗基谚语

2. 不要担心今天世界末日的到来。澳大利亚已经是明天了。——查尔斯·M.施瓦布

3. 悲观主义者是在机遇中创造困难的人，乐观主义者是在困难中创造机遇的人。——哈里·杜鲁门

4. 从长远来看，悲观主义者可能是对的，但乐观主义者在旅途中会过得更好。——丹尼尔·L.里尔顿（Daniel L. Reardon）

5. 毕竟，除了最后一刻，我们都活了下来。——约翰·厄普代克（John Updike）

6. 如果你担心从自行车上摔下来，你就永远上不了车。——兰斯·阿姆斯特朗

7. 让你崩溃的不是重担，而是你背负重担的方式。——莉娜·霍恩

（Lena Horne）

8. 未来是有希望的，因为上帝有幽默感，我们对上帝来说很有趣。——比尔·考斯比

9. 你不能通过思考下坡的方法来爬上山。——佚名

10. 改变你的思想，你就能改变世界。——诺曼·文森特·皮尔（Norman Vincent Peale）

11. 你的肉体将成为一首伟大且流畅的诗。——沃尔特·惠特曼

> **练习5.3 引用体现自我效能感的范例**
>
> 1. 故事和发展自我效能感之间有什么关系？
> 2. 引语是如何以一种故事做不到的方式被使用的？
> 3. 你自己的生活或你身边人的生活中，有哪些故事可能会激发学生的学习效率？

教导学生有关自我效能感的知识

培养自我效能感的最后一个方法是，直接教授学生相关知识。我们在第一章中看到，简单地教授学生有关大脑灵活性的知识，并强化努力和实践可以提高能力的观念，学生成绩就可以提高。教师可以使用多种资源向学生提供这些信息。

- 《哪来的天才：练习中的平凡与伟大》（*Talent Is Overrated: What*

第 5 章

Really Separates World-Class Performers From Everybody Else)，杰夫·科尔文（Geoff Colvin）著。这本书深入讨论了为什么只有一小部分人能够真正取得成就，为什么天赋和智力并不是卓越表现的主要原因。它还讨论了如何以及为什么正确的心态和刻意练习是成就卓越的主要因素。

• 《聪明思考：神经学家为改善大脑表现开出的处方》（Think Smart: A Neuroscientist's Prescription for Improving Your Brain's Performance），理查德·雷斯塔克（Richard Restak）著。这本书解释了大脑的解剖结构和每个部分是如何工作的。它还概述了提高智力的具体策略，如确保适当的营养、有益地使用技术，以及最大限度地发挥创造力。最后，它强调了一些抑制智力的因素。

• 《一万小时天才理论》（The Talent Code: Greatness Isn't Born. It's Grown. Here's How.），丹尼尔·科伊尔（Daniel Coyle）著。这本书讨论了髓鞘在大脑功能和整体表现中的作用，它还解释了如何产生更多的神经物质，以提升智力和行为表现，并提供了一些普通人取得伟大成就的故事。

• 《卓越之路：获得艺术与科学、体育和游戏方面的卓越表现》（The Road to Excellence: The Acquisition of Expert Performance in the Arts and Sciences, Sports, and Games），安德斯·艾利克森（Anders Ericsson）著。这本书深入讨论了"刻意练习"的概念和应用，它认为在任何领域取得高成就的背后，都是经过深思熟虑的实践，而不是天生的能力。

在很大程度上，本章已经讨论的一些策略可以帮助学生了解自我效能感及其在生活中的潜在力量。当然，当学生进一步追踪他们的进步、努力和准备程度，他们将学到宝贵的经验教训。同样，通过阅读故事和研究引语所引发的讨论，将有助于学生理解自我效能感的本质。

在这里，我们考虑直接教授学生德韦克研究中发现的两种理论：固定型思维和成长型思维。我们将自我效能感的直接教学分为三个阶段：（1）区分成长型思维和固定型思维模式；（2）让学生识别他们的个人思维模式；（3）保持活跃的对话。

区分成长型思维和固定型思维模式

老师可以简单地向学生解释，研究表明，我们对能力的观念在很大程度上影响着我们应对挑战的方式。教师可以也应该使用成长型思维和固定型思维理论来指导学生。下面的案例描述了老师如何向学生展示这些信息。

在加雷斯老师的课上，她展示了一些有趣的图片，其中一些是举重运动员和健美运动员，还有一些是卡通人物，比如大力水手。她要求学生挑选出最强壮的人物。当然，这项任务对学生来说并不难。加雷斯老师问，为什么这很容易？瓦莱里说："你可以看出谁强壮，谁不强壮。""显而易见。"加雷斯老师同意这一点，即不难从图片中找出肌肉最发达的人。

"看看这个人，"她一边说，一边展示着一张奥运会速滑选手的照片，"你认为他是怎么变得这么强壮的？你觉得他生下来就有这么粗壮的腿吗？"她的学生们认为，很明显，这位滑冰运动员并非生来就强壮。他必须刻苦训练很长一段时间，才能达到现在的身材。她问："如果你和这个滑冰运动员训练程度一样强，你会和他一样强壮吗？"

"我会的，"达伦说，"但要变得那么强壮真的需要很多努力。大多数人都没有那么努力。"

"没错。"加雷斯老师说，"所以，公平地说，人们越努力，他们就变得越强壮？"全班一致认为这是一个合理的说法。"那么聪明呢？它的工作原理是一样的吗？"

"我不这么认为，"杰西说，"你的大脑不会变大。年纪越大，你学得越多，但你不会变得更聪明。"

"所以你认为每个人生来就有固定数量的聪明才智？"加雷斯老师问道。

"也许不完全是，但它和你身体其他部分的运作方式不一样。"

哈利不同意，"我哥哥高中毕业后上了大学，他第一年考试就不及格，但那是因为他没有努力——他所有的时间都用来滑雪了。几年后他又回到了大学，他做得很好。他意识到自己想要一个学位"。

随着时间的流逝，加雷斯老师继续着谈话，每次都在成长型思维和固定型思维理论之间做出越来越细微的区分。学生们也开始在讨论中使用这些术语。

让学生识别他们的个人思维模式

一旦区分了这两种思维理论，学生就可以确定他们自己是成长型思维，还是固定型思维。为此，10岁及以上的学生可以回答下一页中德韦克设计的问题。阅读下面的每一句话，然后圈出你同意的数字。这些题目没有错误的答案。

思维模式自我调查问卷

1. 你有固定的智力，你真的无法改变它。

1	2	3	4	5
强烈同意	同意	大部分同意	大部分不同意	强烈反对

2. 你的智力是关于你自己的，你不能改变太多。

1	2	3	4	5
强烈同意	同意	大部分同意	大部分不同意	强烈反对

3. 你可以学到新东西，但你不能真正改变你的基本智力。

1	2	3	4	5
强烈同意	同意	大部分同意	大部分不同意	强烈反对

4. 无论你是谁，你都可以改变你的智力。

1	2	3	4	5
强烈同意	同意	大部分同意	大部分不同意	强烈反对

5. 你总是可以极大地改变你的智商。

1	2	3	4	5
强烈同意	同意	大部分同意	大部分不同意	强烈反对

6. 不管你有多聪明，你总能改变很多。

1	2	3	4	5
强烈同意	同意	大部分同意	大部分不同意	强烈反对

在以上问题中，项目1、2和3中的"大部分同意"到"强烈同意"的

得分表示固定型思维模式，项目4、5和6中的"大部分同意"到"强烈同意"的得分表示成长型思维模式。学生可以完成这些问题或类似的问题，以帮助确定他们的个人思维模式。重要的是要记住，虽然人们倾向于拥有一个主导思维模式，但他们可以在生活的各个方面表现出不同的思维模式。因此，一个学生可能在体育方面表现出成长型思维，但在学习方面表现出固定型思维。因此，学生们可能会两次完成表格——一次是在思考他们擅长的事情方面，另一次是在思考他们不擅长的事情方面。下面的案例描述了思维模式自我调查问卷在课堂上的应用。

潘吉尔老师在他的每一个学生进入教室的时候，都会给他们发一份问卷。他让学生们在接下来的几分钟内填好表格，但是要一边填一边思考，他们真正擅长的事情或者他们非常喜欢的事情。"朗尼，我知道你很喜欢弹吉他。在填写这张表的时候，想想你擅长的事情，然后把你的想法写在问卷的右上角。"当学生们完成任务后，他又分发了一份同样的问卷。"我想让你再填一遍，这一次想想你正在挣扎的事情。它可以是学校内外的事情，"他说，"就像你上次做的那样，把你想的写在纸的右上角。"学生填写完问卷后，潘吉尔老师带领学生们讨论成长型思维和固定型思维理论，以及这些理论如何影响他们的生活。

保持活跃的对话

一旦对成长型思维和固定型思维进行了区分，学生对自己的思维模式有了一定的自我意识，老师就可以周期性地提出以下问题，让课堂上的对话保持活跃。

- 你对自我思维模式的理解如何影响你在学校的学习？

- 基于对成长型思维和固定型思维的理解,你获得了哪些见解?
- 你在做什么,以增强你对成长型思维的信心?

学生可以在他们的日记或学习日志中回答这些问题。这些答案应该保密,但老师可能会邀请志愿者参与课堂讨论,特别是如果老师自己写日志,并回答问题的话。下面的案例描述了如何在课堂上使用思维模式问题。

罗老师要求学生每周写一次私人日记,回答她提出的问题。她的学生一直在学习成长型思维和固定型思维理论,所以这周她问:"你的思维模式是什么?你对自己持有的思维模式感到惊讶吗?你认为它如何影响你在学校的表现?"格雷森思考了每一个问题,正如他在日记中所写的那样,他意识到,尽管他一开始就有一个固定型思维,但他可能会改变主意。"我一直认为我只擅长音乐,别的什么都不擅长,就像我的大脑天生只擅长一件事一样。但自从我们了解到,有影响力的人在成功之前必须非常努力地工作,并经历多次失败之后,我的想法就不一样了。之前我认为成功人士都很聪明,事情对他们来说很自然、很容易,但他们其实非常努力。如果他们真的非常努力,那么如果我也努力的话,也许我也能取得更大的成就。"

练习5.4 教导学生有关自我效能感的知识

1. 成长型思维和固定型思维模式的定义特征是什么?
2. 保持活跃的对话的重要性是什么?

自我评估测试

在本章中,我们针对四大类策略提出了各种各样的建议,所有这些建议都增加了学生对"我能做到吗"这个问题的回应。表5-7提供了类似第二章所述的自我评估量表。使用表5-7中的量表,对你掌握每种策略的情况进行评分。

表5-7 第五章自我评估量表

	0 不使用 我从不使用这种策略	1 开始 我有时用这个策略,但我认为我用得不对	2 发展 我使用这个策略,但我只是机械地使用	3 应用 我使用这个策略,并监控它的工作情况	4 创新 我非常了解这个策略,所以我创建了适合自己的版本
助力学生追踪与研究学习进度					
追踪学习进度	0	1	2	3	4
设定个人学习目标	0	1	2	3	4
检查努力程度与准备程度	0	1	2	3	4
给予行之有效的口头反馈					
要避免的语言反馈类型	0	1	2	3	4
合适的语言反馈类型	0	1	2	3	4
引用体现自我效能感的范例					
故事	0	1	2	3	4
引语	0	1	2	3	4
教导学生有关自我效能感的知识					
区分成长型思维和固定型思维模式	0	1	2	3	4

续表

	0 不使用 我从不使用这种策略	1 开始 我有时用这个策略，但我认为我用得不对	2 发展 我使用这个策略，但我只是机械地使用	3 应用 我使用这个策略，并监控它的工作情况	4 创新 我非常了解这个策略，所以我创建了适合自己的版本
让学生识别他们的个人思维模式	0	1	2	3	4
保持活跃的对话	0	1	2	3	4

小 结

本章我们首先讨论了专注力和参与模型中的第四个问题，也可能是最重要的一个问题——"我能做到吗"。如果学生们要迎接任何挑战，不管是大是小，他们都必须感到自己有能力成功。我们讨论了提高学生自我效能感的方法，如使用具体的和基于任务的口头反馈，以及更直接的方法，如邀请学生追踪他们的学业进展，检查他们的努力程度和准备程度。有着清晰定义的学习目标的量表和数据展示（如直线和条形图）突出了努力和成就之间的相关性。当学生开始看到这种关系时，他们更有可能设定目标，并朝着学习目标努力。在面对几乎无法克服的困难时，励志传记和名人名言（无论是名人还是普通人）都能间接地帮助学生获得成功。当然，也要教学生关于自我效能感的知识。最后，我们探讨了教导学生努力与能力之间关系等知识的策略。

第6章

为高度参与的课堂
做准备

在第一章中，我们提供了一个模型来区分专注力和参与。专注力被描述为学生如何回答前两个象征性问题的能力：

- 我感觉如何？
- 我感兴趣吗？

参与被定义为学生如何回答后两个具有象征意义的问题：

- 这重要吗？
- 我能做到吗？

在第二到第五章中，我们提出了在这些问题框架内组织的各种策略。虽然这四个具有象征意义的问题在组织课堂策略方面是有用的，并且与研究和理论结果相一致，但它们并不是最佳的日常教学规划框架。

创造一个学生高度参与的课堂并不是自动发生的。在日常教学中，教师应该思考在每一个教学单元之前使用的具体参与策略。为此，在本章中，我们将第二到第五章中提出的策略分为三类：（1）日常策略；（2）机会策略；（3）扩展策略。这样的策略分类超越了传统的课堂结构，能为你提供更好的教学规划框架。附录D提供了在使用这些策略时应该提前准备的问题。

日常策略

教师每天应使用前几章所述的四种策略：（1）保持课堂节奏的平衡；（2）展现对所教授内容的专注和热情；（3）与学生建立积极的师生关系；（4）给予行之有效的口头反馈。

保持课堂节奏的平衡

节奏是每节课的重要组成部分，无论年级或内容。它会影响学生对"我感觉如何"的回应。正如我们在第二章中看到的，在规划有效的节奏时，有四件事需要考虑：（1）管理任务；（2）进行转换；（3）安排课堂作业；（4）呈现新内容。在上课之前问自己以下几个问题，可以有效地提醒你自己使用此策略：

- 对于我今天将要使用的管理任务，我是否有适当的例行程序？
- 我是否知道我今天将要使用的活动之间的转换，我是否有解决这些转换的计划？
- 我是否为提前完成作业的学生安排了活动？
- 在呈现新内容时，我将如何保持对速度过慢或过快的意识？

展现对所教授内容的专注和热情

在课堂上营造积极的课堂氛围时，表现出强烈的热情是很重要的。这也会影响学生对"我感觉如何"的回答。每节课上，当教师在展现对所教授内容的专注和热情时，他们都应该思考两件事：（1）可以合理地表现专注和热情的内容的地方；（2）表现专注和热情的方式。为此，应考虑下列备课问题。

- 我对今天讨论的内容的哪些方面特别感兴趣？
- 我将如何展示我的热情：
  - 分享个人故事；
  - 传递语言和非语言信号；
  - 重燃教学热情。

与学生建立积极的师生关系

有效的师生关系和同伴关系是课堂支持性氛围的核心，会影响学生对"我感觉如何"的回答。在规划有效的人际关系时，教师应考虑三件事：（1）确保公平公正地对待所有学生；（2）对学生表现出兴趣和感情；（3）识别并使用关于学生的正面信息。为此，下列备课问题是有用的。

- 我今天能做些什么来确保所有学生得到公平公正的对待：
  - 确保学生不被嘲笑或欺负；
  - 树立公平公正待遇的期望。
- 我如何在今天的课堂上表现出对学生的兴趣和热爱：
  - 表现出简单的礼节；
  - 使用身体接触和肢体动作；
  - 关注学生的需求和顾虑。
- 我如何收集积极的信息来建立与学生的关系：
  - 有组织地让学生分享兴趣和成就；
  - 与家长和监护人对话；

– 与其他老师对话。

给予行之有效的口头反馈

口头反馈是每堂课重要的一部分。有效的反馈能帮助学生肯定地回答"我能做到吗"。口头反馈的有效性很重要,因为它有助于为学生们要培养的思维模式打下基础。为此,下列备课问题是有用的:

- 在今天的哪些活动中我可以给学生提供反馈?
- 在提供反馈时,我应该避免使用哪些语言?
- 在提供反馈时,我应该使用哪些语言?

下面的案例描述了教师为了提高专注力和参与度,而在课堂上使用一种或多种日常策略。

罗兹老师正在为她的下一堂小学英语课做准备,她想确保这节课能尽可能地吸引学生的专注力。因为下一堂课是在周一,所以她知道她将花几分钟在课堂开始时,通过讨论周末或前一周的任何重要事件与学生建立关系。她知道让学生感觉到被老师和同龄人接纳有多重要。在这一天,学生们经常带上照片、票根、音乐会节目(任何象征着最近发现或成就的东西),挂在她在教室后面设置的展示板上。在计划课程的其余部分之前,她会仔细阅读当前教学单元的学习目标,并在头脑中记录课程的进展情况。虽然她注意到,一般来说,她的学生可以单独正确地识别物品(一栋房子的图纸或一件衣服),但在更复杂的环境中,他们很难识别物品。为了帮助他们进步,她决定使用一个活动,让她能够轻松地提供反馈。她花了一些时间思考如何提供反馈,以便强化学生的成长型思维。她还注意到,她的学生在协作环境中表现出色,因此她会要求他们聚集在他们已经熟悉的小组中。这也可以帮助学生感到被同龄人接受。她计划了一项活动，让学生们看各种各样的彩色图画，每一幅都描绘了一个复杂的场景，并共同挑选出老师要求的东西。例如，她可能会要求他们找到有狗出现的所有图纸。

为了给学生更多的挑战，她计划了第三项活动，要求他们独立识别视频中的物体或事件。她计划以一种连续不间断的方式进行这些活动，从而保持课堂上活跃的节奏。她通过获取图纸和录像带，以及指定她将要求学生识别的项目为课程做准备。她还带上了计时器，帮助她的学生在不停止任务的情况下，从一个活动转换到下一个活动。这将有助于保持整个课堂的节奏。

机会策略

通常情况下，教师可以在即将到来的课程中，寻找适合使用一些策略的机会，而不是试图让它们适合每一节课。以下是12种机会策略：(1)带领学生将身体运动融入课堂；(2)营造恰如其分的幽默课堂氛围；(3)利用游戏激发学生的情境兴趣；(4)发起友好的争论，帮助学生深入课堂；(5)提供让学生备感意外的有趣课外信息；(6)采用回应率更高的方式进行提问；(7)将课堂内容与学生的生活相联系；(8)将所学知识与学生的人生抱负相联系；(9)鼓励学生应用所学知识解决复杂任务；(10)助力学生追踪与研究学习进度；(11)引用体现自我效能感的范例；(12)教导学生有关自我效能感的知识。

带领学生将身体运动融入课堂

身体运动影响学生回答"我感觉如何"。因为身体的运动并不能自然地与所有的内容相联系,所以预先思考是必要的,以决定如何以及何时使用它。在规划身体运动活动时,下列备课问题是有用的。

- 我今天该如何介绍身体运动?
- 什么运动最适合今天的课程:
    - 能提升精力的运动;
    - 进一步理解内容的运动;
    - 适合整个班级或学校的运动。

营造恰如其分的幽默课堂氛围

幽默也会影响学生回答"我感觉如何"。很多时候,课堂上很自然地就会出现幽默的情景。当这些情况发生时,教师可以利用它们来营造积极的课堂氛围。除了自然的幽默机会,教师可以也应该策划幽默活动。当他们计划营造恰如其分的幽默课堂氛围时,可以使用以下备课问题。

- 我能把幽默融入其中吗?
- 我可以使用什么策略:
    - 自嘲式幽默;
    - 有趣的标题或引语;
    - 电影片段或媒体;
    - 幽默的象征符号。

利用游戏激发学生的情境兴趣

游戏和无关紧要的竞争有助于激发兴趣，教师可以通过多种方式将它们嵌入课堂。它们影响学生如何回答"我感兴趣吗"这个问题。通常情况下，游戏被用作对之前讨论过的内容的复习活动。以下备课问题对策划游戏及无关紧要的竞争是有用的：

- 是否可以通过游戏有效复习所学的内容？
- 哪些类型的游戏最适合此内容？

发起友好的争论，帮助学生深入课堂

友好的争论有助于激发人们对内容的兴趣，这会影响学生回答"我感兴趣吗"这个问题。考虑到友好争论任务的复杂性，使用这项策略通常需要大量的计划。以下备课问题可以促进友好的争论的有效使用。

- 我可以将友好的争论纳入任何讨论内容吗？
- 我将使用什么策略来发起友好的争论：
  - 课堂投票；
  - 辩论模式；
  - 市政厅会议模式；
  - 法律模式；
  - 立场分析。

提供让学生备感意外的有趣课外信息

意外的有趣课外信息可以帮助学生积极地回答"我感兴趣吗"这个

问题。经过深思熟虑，教师可以在各种课程中嵌入这些信息。在规划使用此策略时，下列备课问题可能有用。

- 我可以在任何指定的内容中使用有趣的课外信息吗？
- 我将如何使用有趣的课外信息：
  - 介绍课程；
  - 让学生研究和收集有趣的事实；
  - 邀请嘉宾演讲。

采用回应率更高的方式进行提问

老师在课堂上不断地提问。正如我们在第三章中所看到的，提问并不一定能引起所有学生的注意，然而，如果设计得好，问题可以积极地影响学生对"我感兴趣吗"的回应。为了确保学生在提问时有较高的回应率，教师必须精心组织提问活动。以下备课问题可以帮助你制订计划。

- 我应该问什么内容的问题？
- 我应该使用什么技巧来提高问题的有效性：
  - 随机提问；
  - 两人一组回应；
  - 创造等待时间；
  - 构建回应链接；
  - 班级集体回答；
  - 个人同时回答。

将课堂内容与学生的生活相联系

正如我们在第四章中所看到的,与学生生活紧密联系的活动有助于学生重视课堂上要讲的内容。这些活动帮助学生对"这重要吗"进行积极的回应。然而,并不是所有的内容都适合这种类型的活动,下列问题也许对你计划使用这项策略有些许帮助。

- 我是否可以将与学生生活的比较纳入课堂中的任何内容?
- 我将使用哪些方式进行比较:
    - 物理特征;
    - 发生过程;
    - 事件序列;
    - 因果关系;
    - 心理特征;
    - 名声;
    - 类比推理。

将所学知识与学生的人生抱负相联系

个人事业有助于将学习与学生的人生抱负联系起来。从本质上讲,它们影响学生回答"这重要吗"这个问题。然而,个人事业并不会自动融入传统的学科领域。以下备课问题可能会帮助你方便使用此项策略:

- 是否有特定的课程可以让我用来帮助学生规划他们的个人事业?
- 这个过程将持续多久?
- 我每周会花多少时间在这件事上?

第 6 章

鼓励学生应用所学知识解决复杂任务

具有认知挑战性的任务和选择可以帮助学生肯定地回答"这重要吗"这个具有象征意义的问题。当老师设计具有认知挑战性的任务时,要求学生以真实的方式应用信息,将有助于学生将课堂活动视为重要的。以下备课问题有助于设计具有认知挑战性的任务:

- 正在处理的内容是否适合用真实应用程序处理实际问题?
- 使用内容是否存在可以解决或研究的问题?
- 使用这些内容是否可以帮忙做出决定或进行研究?
- 是否有一个假设可以通过内容进行测试或研究?
- 是否存在可以使用内容进行调查的问题?

选择帮助学生对"这重要吗"进行回应。教师可以为学生提供以下几种选择:

- 任务的选择;
- 报告格式的选择;
- 学习目标的选择;
- 行为的选择。

以下备课问题有助规划如何为学生提供选择:

- 我是否允许学生使用复杂的认知过程做出选择?
- 我可以为学生提供哪些报告格式的选择?
- 我应该如何在学习目标上提供选择?
- 我将如何在行为上提供选择?

助力学生追踪与研究学习进度

追踪和研究学生的学习进度可以增强他们的自我效能感，并帮助学生对"我能做到吗"进行积极回应。然而，追踪学生的学习进度需要大量的计划和准备。例如，它要求教师设计成绩和努力程度量表。为此，教师必须随着时间推移及时处理教学内容，以便学生能够追踪自己的进度。以下备课问题在计划追踪和研究学生学习进度时很有用：

- 学生是否可以在任何指定的内容上随着时间的推移追踪他们的进度？
- 我将如何设计学生学习进度追踪量表？
- 我将如何帮助学生设定个人目标，并制定实现这些目标的策略？
- 我将如何设计学生努力程度量表？

引用体现自我效能感的范例

在第五章中，我们看到引用体现自我效能感的范例可以帮助培养成长型思维，并对"我能做到吗"进行积极回应。老师可以用故事和引语的形式提供例子。经过深思熟虑的计划，这些例子可以整合到常规课程中。为此，下列备课问题可能有用：

- 是否有特定的单元或课程可以引用体现自我效能感的范例？
- 在这些情况下我该如何使用故事？
- 在这些情况下我该如何使用引语？

教导学生有关自我效能感的知识

第五章还讨论了自我效能感的教学，介绍了如何帮助学生对"我能做到吗"进行回应。教师应准备以下问题，以更好地将教导自我效能感融入课堂教学：

- 我是否可以通过已涵盖或将要涵盖的内容来教授和自我效能感有关的知识？
- 我将使用哪些资源来教授和自我效能感有关的知识？
- 我如何区分成长型思维和固定型思维？
- 我将如何帮助学生识别他们自己的自我思维模式？
- 我将如何就这两种观点保持积极的对话？

下面的案例描述了一位教师为了提高学生的专注力和参与度，而在课堂上使用的一种或多种机会策略。

阿利亚加老师正在准备新课程，以便将专注力和参与度联系起来。两天前，阿利亚加老师给她的学生们布置了四项任务：(1)决策任务；(2)问题解决任务；(3)实验探究任务；(4)调查任务。她给了学生两天的时间来思考他们想完成哪些任务。现在她正在计划下一节课——帮助学生做出选择，帮助他们重视自己的项目。她还希望他们与其他学生合作，集思广益，以不同的方式完成他们选择的任务。例如，选择问题解决任务的学生，可能会头脑风暴出不同的解决方案，并讨论每种方案的优点。她决定让学生用脚投票，把身体运动融入课堂。她知道学生们喜欢这项活动。她将在教室的四个角落里展示一个带有数字（1-4）的海报板。学生将站在与他们选择的任务相关的角落。这样，学生们就可以一次性宣布他们所选择的任务，并将其收集到合作小组中。最后，她打算在全班同学面前使用一点幽默。像威尔·费雷尔（Will Ferrell）这样的喜剧演员经常扮演那些发表无耻或煽动性言论的角色，这些言论永远无法被证实是真的。她决定播放一段他的电影片段来逗她的学生笑，同时也介绍了关于有效和无效研究来源的讨论。

扩展策略

前几章中介绍的一些策略超出了典型课程的结构。这些活动包括全班或全校活动和实际应用。显然，一个教师不能自己设计和实施一个全校的课程。但是，教师可以在课堂上实施全校课程的要素，以确定该课程的可行性。此外，个别教师可以与其他志同道合的教师合作，以让学生对全校课程产生兴趣。在制定全校课程时，以下备课问题可能很有用：

- 是否需要制订一个适用于全校范围的计划，以提高学生的参与度？
- 我可以在课堂上做些什么，以尝试计划课程的各个方面？
- 我可能与哪些教师合作，以激发学生对全校课程的兴趣？

小　结

本章重点介绍如何使用第二到第五章中提出的策略来为提高课堂参与度做准备。教师可以每天使用其中的一些策略，也可以按计划或随机使用其他策略。最后，一些策略超越了传统的课堂结构。这些策略的实践性可能非常强，但在使用前需要仔细规划，在某些情况下还需要与其他教师和管理人员协作。每个策略除了按其最佳用途分类外，还附带一组准备问题，旨在帮助教师有效地为提高参与度做准备。

附录A

练习答案

练习2.1 保持课堂节奏的平衡

1. 课堂节奏、工作记忆和专注力之间有什么关系?

无论学生在关注什么信息,它们都会占据他的工作记忆。为了让信息留在工作记忆中,学生必须有意识地专注于它们。此外,工作记忆和永久记忆之间总是有一场战争,也就是说,课堂上发生的事与外部世界所发生的事情总是在争相占据学生的专注力。如果课堂节奏较慢,学生很容易对要讲的内容感到厌烦。在这种情况下,他们会将专注力(填补工作记忆)转移到可能与课堂上发生的事情无关的永久记忆上。

2. 在保持学生专注力方面,平衡课堂节奏的策略有哪些局限性?

有效的课堂节奏本身并不能吸引学生的专注力,充其量,它只是减少了学生分心的机会。有效的课堂节奏可能被认为是触发和保持学生专注力的必要非充分条件。

3. 你的课堂节奏何时是有效的,何时是无效的?

答案可能有所不同。

练习2.2 带领学生将身体运动融入课堂

1. 拉什老师的语言艺术课一直在读一些诗歌。为了帮助学生们开始思考诗歌中的抽象概念，提高他们的精力水平，他让学生们站起来："我要喊出一个单词，然后你要用身体做点什么动作来代表它的意思。"当他开始喊"美"这个词时，学生们有点犹豫，但随着练习的继续，他们开始对这个词有更多的兴趣，并创造了许多不同的姿势。

这个课堂场景描述了如何使用进一步理解内容的运动。学生们摆出的每一个姿势都代表了拉什老师所说的术语。学生们通过用身体传达抽象的动作来进行抽象的思考。

2. 在一天中的第一节课上，学生们通常仍然很累，昏昏欲睡。乌里克老师为了给他们一点动力，经常让他们在上课开始时，站起来做一些简单的练习，这些练习旨在唤醒他们的大脑。

这个课堂场景描述了如何使用伸展运动。因为乌里克老师的学生很累，早上的状态也不是最好的，所以他想让他们充满活力，因此他会带领他们做一些伸展运动。

3. 罗林老师的唱诗班一直在为年终演出寻找潜在的歌曲。她把学生们可以选择的四个节目放在一起。一天下课后，她发给他们这四个节目的歌曲列表，每个节目都按照1到4标有数字。她要求学生们努力思考他们最喜欢哪个节目，以及为什么喜欢。第二天上课前，她在教室的不同地方放了四张海报，每张海报上都有一个数字。上课时，她要求学生站在代表他们所选节目的数字下面。然后,她让每个数字下面的学生解释,为什么他们最喜欢那个节目。然而,仅仅表示喜欢或不喜欢每个节目中的歌曲是不够的。她要求他们每个人提供理由,使用他们全年所学的词汇和概念来表达自己的观点。她发现,虽然他们过去没有对音乐进行过很多深入的讨论,但她的许多学生都能讲得很专业、很清晰,甚至能发表强有力的见解。最后,她给了他们一个改变投票的机会,并听取了一些同学的意见。

这个课堂场景描述了如何使用脚投票。她要求学生们用专业词汇和概念清晰地表达自己的观点,从而引出学生们运用所学知识的讨论,进一步加深他们对音乐的理解。

4. 霍尔姆斯老师正在为学生们安排考前复习,测试是对世界各地不同政府体系的社会研究。他告诉学生,收集他们所掌握的不同制度和所研究的国家的笔记。他随机叫出两个名字,然后这些学生配对。当学生都配对成功时,他说:"你们有五分钟的时间互相分享你们的笔记。你可以用这种方法收集考试中可能出现的新信息,还可以清除笔记中可能出现的错误。"五分钟结束后,他又随机对着学生们喊出他们的名字,学生们和新搭档一起重复这个过程。

这个课堂场景描述了如何使用动作来加深理解。具体来说,学生们使用"给一得一"策略,在教室里走动,找到他们指定的伙伴,然后分享课堂笔记。

练习2.3 表现出强烈的热情和幽默

1. 艾默尔女士是一名语言艺术教师，当她教授创造性写作时，她发现学生有时很难想出新颖的想法。为了帮助他们，她带来了一些学生可能从未看过的电影短片。有时这段视频是两个人之间的简短对话，有时是爆炸或外星人飞船降落在地球上。所有的片段剪辑在某种程度上都很幽默。他们必须使用剪辑片段作为叙事文的开头。她发现，如果给他们一个开始，尤其是一个他们自己都想不到的有趣的开始，学生们就会表现出丰富的想象力。

这个课堂场景描述了幽默电影片段的使用。她使用的电影片段可能不包含内容信息，却为学生提供了一个开始创作的跳板。

2. 德莫特老师告诉他的学生，他有一个虚构的兄弟，名叫利昂·斯旺金斯。他给同学们讲了一些他和利昂的冒险故事。听起来利昂总是给德莫特老师惹麻烦。虽然有时候利昂的本意是好的，但通常情况下，德莫特听利昂的想法而不是按照自己的计划行事，总会遭遇不好的结果。每天下课的时候，他都会提醒他的学生："如果你遇到利昂，不要听他的！他会给你惹麻烦的！"一整年，他都发现学生们把利昂当作麻烦的象征，他们关于他的故事可能非常古怪和有趣。他们中的一些人遇到了利昂，虽然利昂试图让他们陷入麻烦，但他们不听他的。有时候，学生确实会发现自己遇到麻烦，不管是在课堂上、校园里，还是家里。如果学生和德莫特老师谈论这件事，他会问："利昂在吗？"这时学生通常微笑着点点头，肯定利昂就在那里。"我告诉过你，你不能听利昂的，你必须听你自己。"

这个课堂场景描述了幽默的象征符号的使用。利昂·斯旺金斯总是带来麻烦，但他也给德莫特的学生提供了机会，让他们讨论自己犯过的错误，甚至学习如何在未来避免犯错。

3. 梅森是一名美术教师，她碰巧喜欢看魔术表演。当她在课堂上演示一种技巧时，她会模仿魔术师们夸张和戏剧性的手部动作。"表演"结束后，她伸出双臂说："哈哈！这就是魔法！"当学生们做得特别好，或者制作出他们真正引以为傲的东西时，她也会做同样的事情，用戏剧化的声音告诉他们，他们所做的一切简直就是魔法！

这个课堂场景描述了语言和非语言信号的使用。通过表现出一种戏剧化的举止，梅森老师的课堂气氛发生了变化，变得更像是一场魔术表演般有趣，而不是死气沉沉的。

4. 斯塔尔老师教科学已经超过15年了。有时，教授相同或相似的内容会让人觉得枯燥。当他对教学缺乏激情时，他就会花时间阅读科学杂志，以及有关科学研究新进展和突破的文章。想想当今世界有多少科学发现，以及这些发现的结果是什么，会重新激发他教授科学的热情。

这个课堂场景描述了一位教师如何重新燃起了对教学的热情。和其他职业一样，教师偶尔也会陷入一成不变的困境。斯塔尔老师试图通过回忆最初是什么激发了他对科学和教学的热情，以摆脱现在的困境。

练习2.4 与学生建立积极的师生关系

1. 布里格斯老师通常有机会在"父母之夜"与学生的家人交谈。然而，罗德尼的母亲那天晚上没有参加活动，因此布里格斯老师在罗德尼的母亲在家的时候给她打了电话。她告诉他，罗德尼最近被诊断出患有阿斯伯格综合征，虽然他们正在尽一切努力帮助他，但他在学校的社交生活仍然有些困难。"他喜欢数学，"她说，"他也喜欢下棋。任何类型的谜题都使他着迷。"得知这个消息后，布里格斯老师就开始关注罗德尼了。有时他和罗德尼进行眼神交流，这样罗德尼就知道自己和其他学生一样重要；有时他们一起吃午饭，做拼图游戏。当一位老师决定成立一个象棋俱乐部时，布里格斯老师和罗德尼交谈，鼓励他加入。他还每周与罗德尼的母亲交谈一次，了解最新情况，看看他还能帮上什么忙。

这个课堂场景描述了老师通过从学生的父母那里获取信息，关注学生的特殊需求，并通过眼神交流来表达爱意，从而与学生建立关系。要不是布里格斯老师和罗德尼的母亲交谈过，他可能就不知道罗德尼的病情。这些事情帮助他理解和照顾罗德尼的需要，让他有机会与罗德尼独处，并建议罗德尼加入象棋俱乐部。这也让他知道，与其他学生相比，罗德尼在课堂上可能需要更多的鼓励和支持。

2. 当学生们走进教室时，像每周一那样，兰迪斯老师逐一问候他们之后，问他们是否有任何想要改变的个人资料。个人资料会在教室进行展示，包括每个学生的照片、兴趣爱好、宠物、朋友或其他他们认为重要的东西。在花了几分钟的时间让学生添加或更改他们的个人资料后，他们会被分成小组继续进行一项班级活动。兰迪斯老师在教室里来回走动,观察进展情况,当学生有问题或意见时,她蹲在他的椅子旁与他谈话。她发现,如果她离学生更近一些,和学生保持水平的目光接触,那些说话比较温和的学生会更开放一些。

这个课堂场景描述了教师通过有组织地让学生突出他们的成就,来与他们建立关系。这也说明了老师可以通过身体上的亲近来表达爱意。通过鼓励学生展示自己的个人资料,兰迪斯老师帮助全班同学相互了解;通过蹲在害羞的学生旁边,她让学生们知道她对他们要说的话很感兴趣。

3. 在寻找有关他的新学生的信息时,海姆老师问另一位老师关于一名叫李的学生的情况。另一位老师说李是一个恶霸,可能会试图伤害其他学生。在与李的一次私人会面中,海姆老师请他分享一下自己的一些情况。李告诉海姆老师,上个学年是他在这所学校的第一个学年,他过得很艰难。海姆老师问为什么,李说是因为他搬到这里来的时候谁都不认识。在他的家乡,孩子们都不喜欢交朋友,也很少受到尊重。"我不认为这里是那样的,"李说,"但我花了一段时间才弄明白,现在大多数孩子都怕我。"海姆老师告诉李,他会尽他所能帮助李结交一些朋友,之后他会和最初与他交谈的老师分享他的谈话。"他不是恶霸,"海姆老师说,"他只是不知道如何融入,他以前学校的规章制度在这里不适用。我认为在做出假设之前,我们应该给他一个机会,消极的假设只会让他的生活更加艰难。"

这个课堂场景描述了老师通过从其他老师那里获取学生的信息来与学生建立关系。海姆老师在倾听有关李的担忧,并消除了另一位老师对于李的负面印象。海姆从另一位老师那里得知了李的名声，但他听取了李对自己过去行为的看法。听完后，海姆老师能够更好地回答其他老师关于李的名声的问题，并将谈话转为积极的而不是消极的。

4. 巴拉德老师是一名体育教师。在学年的开始，她喜欢发起一个班级讨论，问学生最喜欢的运动是什么，想学什么类型的游戏和运动。在这一年的课程中，她试着尽可能多地满足学生的要求，并让提出要求的学生在课程中提供帮助。她用举手击掌的方式来鼓励她的助手和其他学生，有时还使用她和学生们精心设计的握手动作。

这个课堂场景描述了教师通过使用肢体语言和课堂讨论来与学生建立关系，旨在让学生分享关于他们的信息。巴拉德的学生知道，巴拉德老师对他们喜欢和不喜欢的东西很感兴趣，因为她发起了一场课堂讨论，并尽力满足了他们的要求。他们也知道巴拉德老师支持他们，因为她会做出鼓励的手势，比如击掌。

5. 富恩特斯老师从盖奇的母亲那里得知，与盖奇关系非常密切的祖父最近去世了。富恩特斯老师知道，盖奇在学校不想过多谈论这件事，但他想让盖奇认识到老师知道自己正在经历一段艰难时期。当富恩特斯老师在走廊上，或者上下课遇见盖奇的时候，他会把手放在盖奇的肩膀上，给他一个微笑。

这个课堂场景描述了老师通过适当的身体接触，和从学生的父母那里获取信息，来与学生建立关系。如果富恩特斯老师没有和盖奇的母亲交谈过，他可能就不知道他的学生正在经历一段艰难的时期。富恩特斯老师现在可以简单地把手放在盖奇的肩膀上，或者给他一个微笑，以向他提供微妙的支持。

练习3.1　利用游戏激发学生的情境兴趣

1. 为什么课堂游戏能提高专注力？

游戏通常能激发和维持情境兴趣。大多数课堂游戏给学生提供了问题的线索或提示，但没有给他们提供准确的答案。这种情况通常会激活人类的一种自然倾向，即填补缺失的信息。当学术游戏中加入竞争时，温和的压力会为专注力提供另一种刺激。游戏的成败不应影响学生的考试成绩。游戏应该作为一种轻松的回顾和分析信息的方式。

2. 如果许多学生在课堂游戏上做得很差，老师该怎么做才合适？

游戏必须保持课堂内容焦点。游戏可以作为给老师提供反馈的一种形式。如果大量的学生在课堂游戏中表现不佳，这可能表明复习或重新教授内容是必要的。老师应该经常询问学生游戏的情况，以确定学生们都了解了哪些内容。此外，游戏也可以作为快速回顾内容的一种方式。

3. 你过去使用游戏的方式有哪些？

答案可能有所不同。

练习3.2　发起友好的争论，帮助学生深入课堂

1. 比较辩论模式、市政厅会议模式和法律模式的定义特征。

首先，辩论模式要求学生对某一特定问题发表立场，并使用证据、逻辑和说服技巧来说服听众。学生们还必须找到击败对方提出的论点的方法。其次，市政厅会议模式没有那么专注于说服。相反，它的目的是鼓励学生从不同的角度来看待问题。除了学习单个问题如何影响许多不同的人之外，市政厅会议模式还要求学生从一个假定的角色的角度进行辩论，这个角色可能与他们自己的角色非常不同。最后，法律模式侧重于文本的复杂分析。除了分析不同的观点，学生还需要仔细研究司法判决如何影响公共政策。

2. 与本节描述的其他方法相比，立场分析方法有什么独特之处？

立场分析的重点是让一个人确定他自己的视角，以及视角背后的逻辑。当然，这与本节中讨论的其他方法类似，每种方法都在某种程度上具有这种特性。立场分析的独特之处在于，它要求学生检查自己立场的基本逻辑，并与不同立场的基本逻辑进行对比。其他的一些模型可能要求学生从对立的角度去论证自己的观点，而不要求学生分析对立观点的逻辑。

练习3.3　提供让学生备感意外的有趣课外信息

1. 使用有趣的课外信息来吸引学生专注力的背后潜在动力是什么？

有趣的课外信息利用了人类关注任何意外、悬疑或不寻常事物的自然倾向。即使有趣的课外信息与所研究的内容无关，它仍然有助于激发并维持情境兴趣。

2. 如何利用有趣的课外信息，促进课堂参与和合作？

首先，对于某个特定主题的有趣的课外信息的寻找，学生们可以将这种挑战转变为合作。学生们在协作时可以创建一个完整的班级项目，例如在线多人协作写作系统。其次，一个班级可以继承过去班级的工作成果，并为将来的班级做更多贡献。最后，寻找有趣的课外信息的挑战可能也会激发学生之间的友好竞争，并使课堂变得幽默。

3. 你过去是如何利用有趣的课外信息的？你教授的特定主题是否可以使用有趣的课外信息？

答案可能会有所不同。

练习3.4 采用回应率更高的方式进行提问

1. 塞弗斯老师正在开设一门关于时事的社会研究课程，他想了解一下他的学生对自己国家和全球发展的了解程度。他准备了一些关于最近政治事件的问题。开始上课时，他按字母顺序分发投票器。当每个学生人手一个时，塞弗斯老师开始问他的第一个问题："哪些人不是前美国总统奥巴马的内阁成员？是（A）希拉里·克林顿，（B）威廉·赖利，（C）珍妮特·纳波利塔诺，还是（D）拉姆·伊曼纽尔？"他给学生一些时间思考这个问题，并投票给他们认为正确的答案。当所有的投票结果都出来后，他向每个人展示了一张条形图，描述了全班学生是如何投票的。随着课程的进行，他会问更多的问题，每次都向学生展示结果，并解释正确答案。下课后，他会更深入地观察每个学生的个人反应。现在他知道，总的来说，他的班级对时事知之甚少，但有三四个学生似乎关心时政。

这个课堂场景描述了如何同时使用电脑投票技术和个人同时回答。塞弗斯老师正在使用一种电脑投票技术系统，让所有学生投票选出他们认为正确的答案，这样他不仅能向全班展示结果，还能够收集关于个别学生的反馈。

2. 帕尔默老师已经准备好了名单，以便在她的语言艺术课开始时给学生们配对。在课堂上，她会问学生一些关于他们正在阅读的书的问题，并给学生一定的时间来构思答案。在她的第一个问题"当雅各布第一次没有入选奥运会代表队时，他是怎么回应的"之后，她等了几分钟，然后提问了贾里德和肯德拉。贾里德说："他对此非常沮丧，于是他停止了训练，去他爸爸的餐馆工作。"帕尔默老师问肯德拉，在同样的情况下，她可能会作何反应。"我也会很难过。体操是一项传统的由非常年轻的运动员参加的运动。我可能也会停止训练，但我会去上大学，而不是为我爸爸工作。我可能会放弃竞技运动。"然后，帕尔默让另一组学生讨论雅各布的下一次奥运之旅的结果。在一名学生回答后，她问另一名学生，"想象如果雅各布最终进入了团队，但没有获得奖牌，那你会对雅各布决定继续他的探索有何感想"。

这个课堂场景描述了老师如何使用两人一组回应策略。在活动开始之前，帕尔默老师让她的学生配对，然后她问了一个问题，给每对学生时间合作。当她提问一对学生时，一个学生直接回答问题，另一个学生则阐述他在类似情况下的感受。

3. 达芬奇老师有四名学生对摄影的各个方面都很感兴趣，并且一直自愿回答他的问题，或者向全班展示他们在之前作业中拍的照片。尽管他很欣赏他们的热情，但他注意到，他的许多其他学生都不愿做志愿者，因为他们知道这四名学生会这么做。他制定了一项新政策作为回应。每节课开始的时候，他都会收集上次作业的照片，当他提问的时候，他会随机选择一张照片。拍照的学生被要求回答问题。他发现这样做也意味着他的学生拍的照片将更多地出现在课堂上。

这个课堂场景描述了老师如何随机提问学生。因为达芬奇老师会提问任何一个学生，所以无论他选择了哪张照片，所有的学生都必须保持警惕，准备好回答他的每一个问题。

4. 蒙特罗斯老师喜欢了解学生在考试前几天或几周学习时的自信程度。如果他们自信，他们更有可能考得好，如果他们不自信，蒙特罗斯可以在考试前提供一些一对一的私人辅导。作为一天课上的最后一项活动，她问学生们对这个话题的理解程度："如果你认为自己理解得足够好，能在考试中拿到A，请竖起大拇指；如果你认为自己越来越好，但还没有为考试做好准备，就把大拇指平放；如果你觉得自己对这篇材料的理解还不够好，就将大拇指向下。"一旦他们表达了自己的感受，她就会在铃声响起之前提醒他们，她在上学前和放学后都有时间可以提供额外的帮助。

蒙特罗斯老师使用的是个人同时回答策略。具体来说，她使用手势来了解她的学生对学习内容的掌握有多自信。所有学生都作出了回应。此外，蒙特罗斯还更好地了解到学生如何自我评估他们对学习内容的掌握程度，以及哪些学生在考试前可能需要她的帮助。

练习4.1 将课堂内容与学生的生活相联系

1.莫耶老师的科学课一直在研究曼哈顿计划。作为科学进步的象征，人们对它的印象既有积极的，也有消极的。"还有什么事物是这样的？"他问道，"选择你感兴趣的东西进行比较。"赞恩把曼哈顿计划比作蜘蛛。"有些人认为从长远来看原子弹拯救了很多生命是一件好事；但有些人认为它在道德上是败坏的，使世界变得更加危险。我认为这就像蜘蛛，很多人认为蜘蛛恶心或可怕，但我真的很喜欢它们。蜘蛛能织出非常漂亮的网。没有蜘蛛，整个生态系统将被彻底摧毁。我想，它们的名声也很复杂。"

莫耶老师要求他的学生根据名声来进行比较。赞恩把曼哈顿计划比作蜘蛛，因为他对蜘蛛很感兴趣。他指出，尽管他觉得蜘蛛有趣且重要，但有些人只是觉得它们恶心或可怕。

2.奥克皮克老师的社会研究课一直在研究朝鲜和韩国。他们讨论了朝鲜击沉韩国军舰事件。韩国对此的回应之一是，在三八线的边界上播放一首韩国流行歌曲。这首歌之所以被选中，是因为它性感的音调和歌词宣扬的是反叛和独立。这样的行为通常被称为心理战。"你认为韩国想要实现什么目标？你还能想到其他类似的目标吗？选择你感兴趣的东西进行比较。"托林将韩国播放的歌曲比作他在棒球比赛中遭遇的一些嘲讽。他说："我是一个接球手，当一个击球手第一次来到禁区时，我有时会对他评头论足。他不会对我造成威胁，但我在试着吓唬他，分散他的注意力。我认为韩国放流行歌曲与此也有相似之处。这并不会造成人员伤亡，而是吓唬一下朝鲜，稍微戏弄他们一下，并向他们传达一个信息——韩国不怕朝鲜。"他还指出，虽然这些心理游戏可能看起来有点傻，但也可能相当有效。他说："我以前是一名击球手时，就被接球手对我的一些评论吓到过。"

奥克皮克老师的学生根据心理特征进行了比较。托林将韩国通过嘲弄朝鲜来暗示优越感或实力的心理意图，与他在棒球队担任击球手时受到的嘲讽进行了比较。

3. 蒋老师的科学课一直在研究移民问题。"不同物种的动物都有代代相传的迁徙模式。你能想到一些你所知道的和感兴趣的与此类似的事情吗？"她问道。艾玛将迁徙比作她的家人最近搬到一座新的城市。"我们不像动物那样经常迁徙，动物迁徙基本上是为了得到它们需要的东西，不管是食物、繁殖地还是更温暖的气候。我们搬家是因为我妈妈找到了一份她非常想要的工作，也因为我的一些堂兄弟姐妹也住在这里。所以我们来到了一个新地方，以便得到我们想要的东西。"

蒋老师要求她的学生根据一个特定过程的特征来进行比较。艾玛指出，她对移民过程的比较是基于目的，而不是模式，但她清楚地表达了动物迁徙作为一个整体的目的，以及她的家庭最近迁移的目的。

4. 菲利普斯老师希望在她的数学课上，学生能理解乘法和除法等逆过程的本质。她解释说，乘法和除法使用相同的数字概念，但用的是相反的方法。她说："你所知道的哪些东西与此有相同的基本关系？选择你感兴趣的东西，并补充下列语句'乘法之于除法就像什么之于什么'。"布兰迪用"后外点冰跳"和"后内结环跳"这两个词来完成这个陈述。后外点冰跳和后内结环跳都是花样滑冰运动员在空中旋转一定次数的跳跃动作。后外点冰跳，起跳前左脚后外刃滑行，起跳瞬间右脚冰刀齿点冰；后内结环跳，滑冰者用另一只脚起跳。所以这两个跳跃本质上是相反的，就像乘法和除法一样。

布兰迪完成了菲利普斯老师布置的类比推理任务。菲利普斯老师首先说明乘法和除法之间的关系，接着布兰迪提出了两个具有相同关系的滑冰跳跃动作，从而完成了类比推理。

练习4.2 将所学知识与学生的人生抱负相联系

1. 为什么个人事业能够从本质上激励学生？

假设人类的思维是按照目标的层次来组织的，那么当学生们在他们的个人层次中处理高层次的目标时，他们很可能是高度投入的。规划个人事业的目的是，帮助每位学生实现更高层次的目标。学生的个人事业选择没有限制。因此，学生应该选择他们认为有价值的个人事业，并选择他们真正感兴趣的目标。

2. 请解释为什么在个人事业的第一阶段要让学生确定，如果他们知道自己不会失败，他们会尝试做什么。

这项活动的目的是，帮助学生认识到他们自己的目标，因为如果他们认为这些目标是不可能实现的，他们可能会压制这些目标。

3. 在个人事业的规划中，英雄和榜样的作用是什么？

英雄和榜样是那些实现了学生所向往的目标的人。得知已经有其他人完成了他们的目标，会让学生更能感知到他们的目标，认为它更加合理化、更有可能变为现实。此外，当学生了解到他们的榜样和英雄的生活时，他们可能会收集到能帮助他们实现目标的想法和见解。

练习4.3　鼓励学生应用所学知识解决复杂任务

1．洛佩兹老师正在教授学生写叙事文。他告诉他的学生，他们要写一些短篇小说。他们的两个学习目标将集中在创造感官描述，以及利用他们的想象力创造出独特的故事情节上。洛佩兹老师告诉学生："但我们可以用故事做的事情远不止这些。想想你在写作中想要提高的地方。你想创作一个使用大量对话的故事吗？你想创作一个利用不同观点的故事吗？"在思考了他们想要改进的地方之后，洛佩兹要求他们写下自己的目标，这样他们就可以记录下自己在本单元所有三个目标上的进展。

这个课堂场景描述了学习目标选择的使用。学生们都被分配了特定的任务和报告格式。虽然他们只被分配了两个具体的学习目标，但每名学生都有机会选择他的第三个学习目标。

2. 卡纳顿老师在她的课堂上有一些纪律问题。她知道她需要解决这个问题，但她也知道更严厉的惩罚可能会适得其反。下节课开始时，她把贴有校规的海报拿下来扔掉。"我们重新开始吧，"她说，"让我们一起制定规则，也许这样每个人都会开心。"她认为，捣乱的学生可能会提出一些不切实际的规定，比如允许取笑或不按次序说话，但她也认为，提醒他们这种行为将被所有人接受，会让他们打消这种想法。

这个课堂场景描述了行为选择的使用。学生们被要求设计一个关于如何对待每个人的期望系统。

3. 阿克尔老师的社会学课一直在研究旁观者效应。她告诉他们必须写一篇文章来证明他们对这个主题的理解，不过这篇文章可以关注旁观者效应的许多不同方面。"首先，我们并不总是能看到紧急情况下的旁观者效应，但事实上这种情况的发生是有问题的。整个社会能做些什么以最小化旁观者效应？其次，我们在课堂上讨论过，当大多数人被问到如果他们遇到有人在公共场合受伤，他们会怎么做时，他们的回答是采取行动。对此做一个预测，并创建一个调查来检验这个想法，并讨论你的预测。再次，毫无疑问，生活中存在旁观者效应，令人困惑的是为什么会出现这种现象。做个调查，看看你能否给出一个合乎逻辑的解释。最后，假设你可以决定犯罪发生的时间和地点，你是想和一大群人在一起，还是想要一个更孤立的环境，只有一两个人能帮助你？你认为在哪种情况下你的生存机会更大？"

这个课堂场景描述了任务选择的使用。学生们正在学习旁观者效应，他们通过写一篇文章来证明他们对主题的理解，并且还被要求从各种复杂的认知任务中做出选择。

4. 莱恩老师的科学课一直在研究人类对恐龙的理解。他们一直在研究人类发现的越来越多的物种，恐龙与鸟类的关系有多密切，以及最近发现的一种辨别恐龙的皮毛或羽毛颜色的方法。"在我们关于这个话题的期末考试中，你们每个人都将深入了解，我们对某种恐龙的看法是如何变化的。她给学生们提供了一些选择，让他们可以选择如何进行陈述。他们可以：（A）写一篇文章；（B）做一个口头报告；（C）就这个话题采访一位专家；（D）就我们现在对这个物种的描绘是否正确这个话题，进行一场辩论。

这个课堂场景描述了报告格式选择的使用。所有学生都有相同的学习目标，他们的任务是研究恐龙理论的进化，但每个学生都可以选择如何展示相关信息。

5. 解释为什么认知复杂的任务，能帮助学生肯定地回答"这重要吗"这个问题。

认知复杂的任务要求学生超越记忆或信息的反刍，以富有挑战性的方式应用所学知识。决策、问题解决、进行实验探究或调查都是真正的任务，能够帮助学生与个人关心的问题联系起来。

6. 考虑到你的学生和你所在的社区，什么样的实际应用程序可能是最吸引人和最有意义的？

答案可能有所不同。

练习5.1　助力学生追踪和研究学习进度

1. 追踪学生学习进度与成长型思维模式有何关联？

在学校里，学生很少有机会观察他们在一段时间内相对于特定学习目标的进步。追踪学习进度可能不会自动促进成长型思维，但它确实建立了一个在互动基础上培养成长型思维的方法。当学生观察到他们的成绩提高时，他们可以与老师和其他人交流他们进步的原因。

2. 让学生为他们的目标制订一个计划，并追踪他们的努力和准备程度，这对学生追踪其学习进度有什么好处？

增加这两个部分使得学生对成长型思维的讨论更加具体、更具实质性。当学生制订计划并分析他们的进步时，老师和学生之间可能会就自我效能感的特点进行讨论。学生可以被邀请分享他们所学的关于自我效能感的知识。随着学生对自我效能感理解的进步，他们也可以报告自己行为的变化。

练习5.2　给予行之有效的口头反馈

1. 雷德蒙老师在体育馆里走来走去，因为她的学生正在玩三种不同的排球游戏。她根据自己所看到的景象向不同的学生喊话。阿诺德是一名学生，他过去一直在体育课上有很多困难。雷德蒙老师注意到他今天比平时付出了更多的努力，但表现并没有好多少。当他休息的时候，她走近他说："你今天可真够投入的，阿诺德。"在认可了他的努力后，她给了他一些建议，"当你发球时，试着在你的手摆动过程中观察球，直到它越过网。你可以在练习中很好地体会用这种方式需要多少力量"。

这是一位老师就一项做得不好的任务给学生适当而具体的反馈的例子。雷德蒙老师在开始与阿诺德的讨论时，对他的努力程度给予了正面评价。对于阿诺德的表现中缺少的积极因素，雷德蒙老师也给了他一些非常具体的反馈。这个反馈是适当的，增加了阿诺德再次尝试发球的可能性，并没有降低他的努力水平。

2. 鲍尔斯老师的艺术史课一直在研究杰克逊·波洛克的作品及其对抽象表现主义的影响。班上正在讨论"混沌"在他的作品中的作用。布兰登说："鲍尔斯老师，我就是想不明白。我觉得这只是飞溅。我能不能把什么东西洒在地上，并称之为混沌？"鲍尔斯老师以前听到过布兰登这样的评论。在她看来，他似乎从不能欣赏任何课堂上的学习作品。她说："不，布兰登，你不能。我想你只是不会欣赏抽象艺术。"

这是一个不恰当的口头反馈的例子。鲍尔斯老师对布兰登的失望或许可以理解，但她的反馈并没有效果。事实上，她通过引用"对抽象艺术的欣赏"推广了固定型思维模式的理论。这句话暗示布兰登要么会欣赏，要么不会欣赏。

3. 诺里斯老师的科学课是学习人体解剖学。他进行了一个小测验，以了解学生在单元学习中掌握了多少内容。他注意到费利西亚刚开始的时候对此门课的了解很少，但她第一次考试的分数很高。在一次与她的私人谈话中，他说："你这次考试考得很好。你正确地回答了关于骨骼系统的每一个问题。看来你真的认真准备了，也学到了很多。"他给她看了小测验的分数，这样她就能知道自己到底学到了多少。

这是一个恰当的表扬和口头反馈的例子。诺里斯老师指出了费利西亚在这次考试中做得很好的地方，以及她学到了多少知识。他还对费利西亚明显的努力和准备程度作出了评论。

练习5.3 引用体现自我效能感的范例

1. 故事和发展自我效能感之间有什么关系？

对于一些学生来说，克服巨大的困难来实现目标的概念，可能是相当陌生的，尤其是那些多年来一直从固定型思维的角度进行操作的学生。在这种情况下，学生们可能需要知道很多有关自我效能感的具体例子。故事就起到了很好的示例作用。

2. 引语是如何以一种故事做不到的方式被使用的？

由于在课堂上介绍引语只需要很少的时间，所以它们可以被频繁地用作一个简短的提醒，告诉学生自我效能感的力量。此外，教师可以经常鼓励学生研究引语背后的故事。

3. 你自己的生活或你身边人的生活中，有哪些故事可能会激发学生的学习效率？

答案可能有所不同。

练习5.4　教导学生有关自我效能感的知识

1. 成长型思维和固定型思维模式的定义特征是什么?

成长型思维理论的基础是,智力是随着努力而增长的,我们总是可以通过更努力地工作变得更聪明。固定型思维理论的根源在于,智力是一种固定的特质,无论我们多么努力工作,我们都无法真正改变它。这些理论之间的差异是深刻的,因为一个相信自己可以变得越来越聪明的学生,更有可能接受具有挑战性的任务,并从失败中学习,而不是为失败感到尴尬。然而,持有固定型思维模式的学生可能会逃避挑战以避免失败,也可能会逃避付出实质性的努力。对他们来说,如果你聪明,那么成功应该很容易。

2. 保持活跃的对话的重要性是什么?

不幸的是,固定型思维模式往往根深蒂固地存在于学生中。从固定型思维转向成长型思维是困难和耗时的。有固定型思维模式的学生,需要不断地提醒他们学习成长型思维。如果想让他们认为在课堂内外都有可能取得成功,就需要不断地鼓励他们。

附录B

元分析和效应量

有关教育研究的报告使用了诸如元分析和效应量等术语。虽然这些术语对研究人员无疑是有用的，但它们可能会让从业者感到困惑甚至沮丧。那么元分析到底是什么意思呢？什么又是效应量？元分析是对相关研究结果的总结或综合。它查验了针对特定主题所做的所有个人研究，并对其进行了总结。这对教育工作者是有帮助的，因为元分析比单个分析提供了更多、更强的支持（元分析实际上是分析的分析）。

平均效应量告诉我们所有被调查的个体研究的结果。例如，我们可以说，元分析的目的是检验多个有关专注力和参与度策略对学生成绩的影响（即x对y的影响）的研究。平均效应量报告所有研究的结果，告诉我们这些策略是否能提高学生成绩，如果能，会提高多少。

元分析究竟是如何工作的，效应量又是如何计算的？实证研究对此的描述已经非常详细，且非常容易理解。在接下来的内容中，我们会努力揭开元分析和效应量计算过程的神秘面纱。

1. 研究人员调查了广泛的教育研究领域，寻找与他们的元分析相关的内容。他们创建关键字列表来帮助确定搜索的广度和深度。已发表的文章、未发表的文章、学术论文、图书章节以及在线和其他电子数据库均可纳入考虑范围。很简单，他们建立了一个所有相关研究的数据库。

2. 在对相关研究进行初步检查之后，研究人员对每项研究的严谨性都有了一个概念。他们通过询问哪些研究可以纳入、哪些研究应该被排除来制定自己的纳入标准。他们也密切关注研究之间的异同。强有力的结果基于具有共同目的和变量的研究。换句话说，研究人员希望元分析中包括最相似的研究。如果一项研究用标准化考试成绩来定义学生的成就，而另一项研究用学生自我报告的学习成绩来定义学生的成就，那么研究人员就不太可能把这两项研究都纳入同一项元分析中。

3. 一旦研究人员确定了他们将用于元分析的研究，他们就会检查每项研究的结果。具体来说，他们观察每项研究的效应量，以便从数学上计算出总体元分析的平均效应量。计算效应量背后的过程很详细，但基本上是通过确定计算实验组（该组有一个特定的教育实践的好处）的均值和对照组（该组没有一个特定的教育实践的好处）的均值之间的差异，然后除以标准差。简而言之，标准差就是每个分数离均值的平均距离。如果一组分数的平均值是60，标准差是5，那么这些分数与60的平均距离就是5。

为了说明效应量是如何计算的，我们假设一个理科学生班级是实验组；他们的班级接受了以专注力和参与度为基础的指导，并在一个特定的单元中对科学内容进行了测试。另一组作为对照组，这些学生并没有在该单元中得到专注力或参与度的指导，而只是参加了相同的测试。实验组的平均得分为85分，对照组的平均得分为75分，两组测试的标准差均为20。那本研究的效应量值应为（85 − 75）/20等于0.50。这意味着实验组的平均分比对照组的平均分高出0.50个标准差。

效应量的一个优点是，研究人员可以方便而准确地用平均百分位增益来解释它。百分位增益可以有效地将效应量转换成我们能够理解的语言。如何做到这一点需要一个稍微详细的解释。简单地说，效应量相当于正态分布上的一个点,一旦你有了正态分布上的一个点,你就可以确定第50个百分位的人的预期百分位增益(或损失)。从效应量到百分位增益的转换列出了各种效应量的预期百分位增益。例如,专注力和参与度策略的效应量为0.50,教师预测课堂上的学生将提高19个百分点。也就是说,在引入了增强专注力和参与度的策略之后,实践者会预测学生在成绩测试中的得分将从第50百分位数上升到第69百分位数。一般来说,效应量越高越好。

当一个教育实践的平均效应量通过元分析中的大量研究计算出来时,从业者甚至可以更确信,平均效应量及其相关百分位增益是准确的。尽管诸如元分析、平均效应量和百分位增益等术语乍一看可能令人望而生畏,但它们最终被用来描述最广泛、最强大的研究,并将研究结果转化为对课堂教师或学校管理者有意义的语言。

附录 B

效应量到百分位增益的转换

效应量	百分位增益	效应量	百分位增益	效应量	百分位增益	效应量	百分位增益
0.01	0	0.26	10	0.51	19	0.76	28
0.02	1	0.27	11	0.52	20	0.77	28
0.03	1	0.28	11	0.53	20	0.78	28
0.04	2	0.29	11	0.54	21	0.79	29
0.05	2	0.3	12	0.55	21	0.8	29
0.06	2	0.31	12	0.56	21	0.81	29
0.07	3	0.32	13	0.57	22	0.82	30
0.08	3	0.33	13	0.58	22	0.83	30
0.09	3	0.34	13	0.59	22	0.84	30
0.1	4	0.35	14	0.6	23	0.85	31
0.11	4	0.36	14	0.61	23	0.86	31
0.12	5	0.37	14	0.62	23	0.87	31
0.13	5	0.38	15	0.63	24	0.88	31
0.14	6	0.39	15	0.64	24	0.89	32
0.15	6	0.4	16	0.65	24	0.9	32
0.16	6	0.41	16	0.66	25	0.91	32
0.17	7	0.42	16	0.67	25	0.92	32
0.18	7	0.43	17	0.68	25	0.93	33
0.19	8	0.44	17	0.69	25	0.94	33
0.2	8	0.45	17	0.7	26	0.95	33
0.21	8	0.46	18	0.71	26	0.96	33
0.22	9	0.47	18	0.72	26	0.97	33
0.23	9	0.48	18	0.73	27	0.98	34
0.24	9	0.49	19	0.74	27	0.99	34
0.25	10	0.5	19	0.75	27		

效应量	百分位增益	效应量	百分位增益	效应量	百分位增益	效应量	百分位增益
1	34	1.25	39	1.5	43	1.75	46
1.01	34	1.26	40	1.51	43	1.76	46
1.02	35	1.27	40	1.52	44	1.77	46
1.03	35	1.28	40	1.53	44	1.78	46
1.04	35	1.29	40	1.54	44	1.79	46
1.05	35	1.3	40	1.55	44	1.8	46
1.06	36	1.31	40	1.56	44	1.81	46
1.07	36	1.32	41	1.57	44	1.82	47
1.08	36	1.33	41	1.58	44	1.83	47
1.09	36	1.34	41	1.59	44	1.84	47
1.1	36	1.35	41	1.6	45	1.85	47
1.11	37	1.36	41	1.61	45	1.86	47
1.12	37	1.37	41	1.62	45	1.87	47
1.13	37	1.38	42	1.63	45	1.88	47
1.14	37	1.39	42	1.64	45	1.89	47
1.15	37	1.4	42	1.65	45	1.9	47
1.16	38	1.41	42	1.66	45	1.91	47
1.17	38	1.42	42	1.67	45	1.92	47
1.18	38	1.43	42	1.68	45	1.93	47
1.19	38	1.44	43	1.69	45	1.94	47
1.2	38	1.45	43	1.7	46	1.95	47
1.21	39	1.46	43	1.71	46	1.96	48
1.22	39	1.47	43	1.72	46	1.97	48
1.23	39	1.48	43	1.73	46	1.98	48
1.24	39	1.49	43	1.74	46	1.99	48

附录C

有趣课外信息示例

语言艺术课

小学

1. "唯一的选择""冷冻烧伤"和"自然行动"都是矛盾修饰语。

2. "信言不美，美言不信"是回文。

3. 皮诺曹在意大利语中是"松树眼"的意思。

4. 戴维·皮尔基（Davy Pilkey）在二年级时就创作了漫画《内裤超人》（*Captain Underpants*）。

5. 在古代，亚洲和欧洲的人们向新婚夫妇扔旧鞋子，而不是大米或五彩纸屑。

初中

1. 即使是著名的作家也有出身卑微者：谭恩美（Amy Tan）写过算命的书，亨利·大卫·梭罗（Henry David Thoreau）做过铅笔，查尔斯·布考斯基（Charles Bukowski）是邮递员，弗兰克·鲍姆（Frank Baum）养过鸡。

2. 海明威的母亲在他年轻时把他打扮成一个女孩，并试图把他当作姐姐的双胞胎。她甚至在公共场合称他为欧内斯汀（女子名）。

3. 伊恩·弗莱明（Ian Fleming）曾经接受过间谍训练，但他没有勇气向任何人开枪，他失败了。讽刺的是，他后来创造了著名的角色詹姆斯·邦德（James Bond）。

4. 在试图出版《星际战争》(War of the Worlds)的过程中，赫伯特·乔治·威尔斯（H. G. Wells）并没有得到一致的认可。一位出版商说："这是一场无尽的噩梦。我不认为有读者需要……我认为大家的判断将是'哦，不要读那本可怕的书'。"

5. E.B.怀特（E.B.White）为蜘蛛夏洛特在《夏洛特的网》(Charlotte's Web)一书里死去而悲痛欲绝。事实上，在读这本书时，他不得不把这部分读了19遍，才能不哭着读完。

高中

1. "减压病"一词来自19世纪晚期。当时时髦的女士们在裙子下面穿了一件紧身裙，以凸显自己的臀部。她们走路时上身也向前倾斜，这被称为"古希腊式的弯腰姿势"。不久之后，当布鲁克林大桥建造时，人们不得不潜入水中建造水下地基。他们不知道减压病一词，但当他们从水里出来时，他们会痛苦地前倾，姿势就和那些时髦的女士的姿势一样。

2. 安妮·塞克斯顿（Anne Sexton）曾伪造自己的死亡，以惩罚约会迟到的男友——他发现她躺在雪地里，头上好像有血。他们都因这件事感到非常生气，但安妮觉得这很有趣。

3. 不是每个作家都钦佩他的同行。事实上，有些著名的作家言语相当恶毒。T.S.艾略特曾这样嘲讽亨利·詹姆斯（Henry James）："亨利·詹姆斯的头脑是如此之好，任何想法都无法违背它。"比这更糟糕的是威廉·福克纳对马克·吐温的评价，"马克·吐温是一个替人家写打杂文章的落魄文人，他在欧洲被认为是第四流作家，他的文章带有浓郁的地方色彩，只能激起肤浅和懒惰的人的兴趣"。

4. 联邦调查局一直在追踪艾伦·金斯伯格（Allen Ginsberg）。除此之外，他们还指责他"情绪不稳定，而且可能有危险"。

5. 当约翰·斯坦贝克（John Steinbeck）招待客人时，他有一种不同寻常的冷藏啤酒的方法——他把啤酒放在游泳池的底部。

数学课

小学

1. 看看下面的字谜。为什么有些字母在上面，有些字母在下面？

$$\frac{A E F H I K L M N T V W X Y Z}{B C D G J O P Q R S U}$$

猜不出来吗？想放弃吗？所有直线构成的字母都在上面，所有曲线构成的字母都在下面。

2. 选择1到10之间的任意数字（包括1或10），乘以9。现在将答案的两位数相加。你得到9了吗？我敢打赌你的答案是9。

3. 你在日历上永远找不到光年。为什么？因为光年测量的是距离，而不是时间。一光年是光在一年内能走的距离。

4. 自2000年以来，美国铸币局每年生产超过280亿枚硬币。

5. 无穷大是无限的，虽然一个数字不代表无穷大，但你可以看到它。怎样做呢？把一面小镜子放在一面大镜子前面。你将永远看到镜子里的一面镜子。

初中

1. 数学不像骑自行车或开车那样是我们后天学习的技能。相反，人类似乎天生就具有数学能力，甚至婴儿也显示出基本的数学技能。

2. 诺贝尔奖颁给和平、文学、物理、化学和医学，但不颁给数学。据传，阿尔弗雷德·诺贝尔个人不喜欢当时世界上最杰出的数学家之一，也不想把诺贝尔奖授予他，但这一点从未得到证实。没有人真正知道为什么数学被排除在外。

3. 如果你发现自己正身处美国国会大厦，那你说话要小心。正如约翰·昆西·亚当斯（John Quincy Adams）所发现的，抛物线天花板（圆顶大厅）创造了独特的音响效果。具体来说，声音从穹顶天花板以反射的方式创造了焦点，如果你恰好站在其中一个焦点上，你可以清楚地听到在房间的另一边正在进行的对话。由于亚当斯的办公桌恰好位于这些焦点之一，他能够很容易地窃听许多发生在那个房间的私人谈话。

4. 数字会影响时间本身，或者至少会影响我们对时间的感知。凯撒大帝在他的统治期间制定了一个日历，但是有一点错误——他的测量结果一年差了11分钟。当时没有人注意到，但在1628年后，春分被计算在冬季中期。教皇格里高利十三世实施了一个更精确的数学模型，并从这一年中删除了十天。换句话说，每个人都睡了一晚，却在十天后醒来！可以想象，这让很多人感到不安，甚至爆发了骚乱。许多人起初拒绝接受这一改变，这意味着未来几年还会有更多的混乱——这一切都是因为每年有11分钟的误差。

5. 刘易斯·卡罗尔（Lewis Carroll）不仅是一位小说作家，还是一位自学成才的数学家。当他晚上无法入睡时,他就会写下并解决包括代数、几何、解析几何和三角在内的数学问题。他甚至在一本名为《枕头问题》(*Pillow Problems*)的书中发表了72篇文章。

高中

1. 阿恩·伯林(Arne Beurling)是瑞典数学家和数学教授。1940年,这位数学家破译了用于战略军事通信的德国密码。这一成就被认为是密码学历史上最伟大的成就之一。他只用电传打字机的磁带和密文,就破译了德国人认为在短短两周内不可能破解的密码。伯林发明了一种利用电缆设备破译德国密码的方法,使瑞典能够破译从挪威经过瑞典的德国电传打字机通信。当被问到如何破译密码时,他回答说:"魔术师不会泄露他的秘密。"

2. 博弈论是数学的一个分支,它试图根据对立个体之间潜在的损失和利益来预测一个人或几个人的行为。博弈论通常被用于经济学,但在2002年,数学生态学家萨沙·达尔(Sasha Dall)成功地利用博弈论预测了动物的行为。他特别地注意到年轻的乌鸦独自寻找食物,然后邀请其他鸟类加入。这是一种奇怪的行为,乌鸦为什么要这么做?达尔运用博弈论得出了一个预测:它们这样做是为了避开领地上的成年乌鸦,并确保对较年轻或较弱的鸟类的统治地位。在一年之内,达尔自己和行为生态学家乔纳森·赖特(Jonathan Wright)的观察证明了他的预测的正确性。

3. 谁发明了微积分是一个有争议的问题。事实上,英国的牛顿和德国的莱布尼茨都宣布他们对这一成就有贡献,但他们彼此和各自的国家都不满意这一结论。莱布尼茨是第一个在全国范围内发表他的理论的人，这让牛顿非常吃惊。他和一些英国爱国者试图诋毁莱布尼茨，指责他从牛顿那里偷走了作品。当然，没有太多证据支持这一说法。1711年，莱布尼茨向英国皇家学会提出上诉，要求他们解决争端。社会投票支持牛顿，但那是因为他自己就是委员会成员并起草了最终报告。直到两人都去世了，那些持有公正观点的人才能够融合两人工作中的细微差别，创造出统一的微积分。

4. 斐波那契数列出现在鹦鹉螺壳、松果、部分花和仙人掌中。2004年，亚利桑那大学的两位数学家发现，仙人掌的结构生长基于斐波那契数列，这种特殊的结构帮助植物在消耗最少能量的同时实现生存的需要。数学家们假定这一发现可能与医学有关。通过应用"模式形成的数学模型"，数学家们相信科学家们可以发现肿瘤形成的关键。

5. 人权问题只存在于社会研究中？并不是。希帕蒂娅被认为是数学领域的第一位著名女性。公元400年左右，她成为亚历山大新柏拉图主义学校的校长，还是一名声名远扬的优秀教师。除了是一个女人，她还是一个异教徒。更糟糕的是，她以公开反对罗马帝国的政策而闻名。她显然是一个威胁，特别是对西瑞尔（亚历山大的主教）来说。公元415年，西瑞尔煽动狂热的暴徒谋杀了她。

科学课

小学

1. 阿拉贝拉和安妮塔是蜘蛛，但它们也是宇航员！一位名叫朱迪·迈尔斯（Judy Miles）的高中生想知道蜘蛛是否能在太空织网，于是她向美国国家航空航天局（NASA）提出了这个问题。NASA真的很喜欢她的想法！1973年8月5日，阿拉贝拉和安妮塔乘坐"天空实验室2号"进入太空。一开始，它们在织网方面做得并不好，它们失去了方向，结起了松散的网。但到了第三天，它们又像往常一样织网了。它们织的网很精细，科学家们早已预料到了这个结果。谁能料到蜘蛛真的能在太空织网呢？

2. 雄性红眼树蛙摇着屁股互相威胁。

3. 知更鸟爸妈每天喂食小鸟宝宝大约100次。

4. 成年人有206块骨头，而儿童有300块。

5. 我们每年眨眼约420万次。

初中

1. 要填满木星需要1000个地球。木星自转很快，一天只能持续大约10个小时。由于这个及其他原因，它并不完全是圆的。它在赤道处隆起，在两极处较平。

2. 此刻地球上在世的人在所有曾经出生的人类中占9%。

3. 孩童的血管总长6万英里，而成年人有大约10万英里的血管（如果你把它们首尾相连的话）。

4. 公元前500年左右，许多希腊哲学家开始研究光的性质。人们最初设想人类能够看见是因为眼睛发出一束光照亮了世界。

5. 你听说过蜘蛛能吃蛇吗？歌利亚食鸟蛛可以。它可以长到一英尺长，还可以吃老鼠、青蛙和蟾蜍。

高中

1. 中国可能早在公元前100年就发明了火药，但他们认为火药是长生不老药。

2. 死皮在大气中约占10亿吨灰尘。一个人的皮肤每分钟会脱落大约5万个细胞。

3. 磷是1669年由德国商人亨尼格·布兰德（Hennig Brand）发现的，他的爱好是炼金术。布兰德让50桶尿液静置，直到它们腐烂并"繁殖出蠕虫"。然后他把尿液煮成糊状，用沙子加热，从混合物中提取出磷元素。

4. 贝哈德·恳思（Behrad Khamesee）是一位微生物学家，他创造了一个游动机器人，大小和铅笔橡皮擦差不多。它是由无线操作的，有一对小小的钳子。恳思希望他的微型机器人能够在人体中游动。他指出这样做可能有许多好处，其中之一是它可以把药物送到身体中的目标位置。想象一下吞下一个小机器人而不是药丸的场景。

5. 马达加斯加有一种飞蛾，它的目标是正在睡觉的鸟。它用有刺的喙撬开鸟的眼睑，喝下它的眼泪。这真是一种奇怪的喝酒方式。

社会研究课

小学

1. 历史上最短的战争是1896年英国和桑给巴尔之间的战争，仅持续了38分钟。

2. 路易斯·布莱叶（Louis Braille）13岁时发明了布莱叶盲文！他在

15岁时就完善了这个体系。

3. 1836年,墨西哥将军圣安娜(Santa Anna)为他的腿举行了国葬。

4. 格特鲁德·埃德尔(Gertrude Ederle)是第一位横渡英吉利海峡的女性。1926年,她成功横渡英吉利海峡,所花时间大约是14.5小时,比过去51年内最快的人快了大约两个小时。

5. 在18世纪,人们没有用时钟来计时!他们使用历书中的太阳、星星等信息来判断时间。

初中

1. 埃拉托色尼(公元前276-196年)是第一个使用"地理"这个词的人,他利用阴影和一口井测量了地球的周长。

2. 在独立战争中为英国而战的美国人几乎和反对为英国而战的美国人一样多。1780年,华盛顿军队中有9000名士兵,英国军队中有8000名皇家士兵。

3. "五月花"号原本是开往弗吉尼亚州的,但是一场风暴把它一路吹到了马萨诸塞州。船员们没有沿着海岸返回,而是在普利茅斯岩登陆。为什么?因为他们的啤酒喝完了。他们登陆后做的第一件事就是建造一个啤酒厂。

4. 布尔尼·赫约尔森(Bjarni Herjolfsson)正试图找到格陵兰岛,突然一阵暴风雨把他的船吹离了航线。当天气放晴时,他和他的船员发现了陆地,但因为这里既没有山也没有冰川,所以他知道这不是格陵兰岛。他的船员非常想让他登陆,但他没有,他只想回家。后来,他给一个朋友讲了那次旅行的故事。那个朋友就是列夫·埃里克森(Leif

Eriksson），而被布尔尼·赫约尔森忽略的土地是美洲。

5. 当欧洲在16世纪晚期发现咖啡时，梵蒂冈教廷认为它是邪恶的。教皇克莱门特八世尝了尝，觉得很美味。据传，他哀叹异教徒可能是唯一喝咖啡的人，所以他为咖啡祝福。

高中

1. 1938年，希特勒被《时代》杂志选为年度人物。斯大林在1939年被选为年度人物。

2. 1533年，印加帝国有600万人口，面积几乎是得克萨斯州的两倍。它还有一支近8000人的军队和大量的黄金储备。弗朗西斯科·皮萨罗（Francisco Pizarro）开启了西班牙征服南美洲的时代，他是一个大字不识的西班牙人，但不影响他的志向远大。皮萨罗带领150名手下，说服印加帝国的皇帝阿塔瓦尔巴与他会面。当皇帝到达时，皮萨罗和他的小军队发动了进攻，利用伏击杀死了数千人，成功俘虏了阿塔瓦尔巴。这个意外使印加人陷入混乱，最终皮萨罗和他的150名手下将整个帝国夷为平地。

3. 1856年，60名阿拉伯酋长聚集在法国殖民地阿尔及利亚。这些首领来自当地的一个部落，他们使用魔法，比如吃火，来说服他们的追随者推翻法国人。这些把戏证明了部落居民拥有超自然的力量，可以帮助他们打败法国人，建立新的领导地位。法国人请著名魔术师让·尤金·罗伯特-胡丁（Jean Eugène Robert-Houdin）为酋长们表演，以证明法国更强大。在表演中，罗伯特-胡丁中了一颗子弹，并使一名观众消失。当然，还有其他的花招。观众惊呆了。但是罗伯特-胡丁并没有就此打住。

他派翻译去解释部落成员是如何表演他们的把戏的，从而剥夺了酋长们的"魔法"。叛乱被镇压了。

4. 很有可能是三支雪茄帮助联邦军在美国内战中取得了胜利。怎么回事呢？当印第安纳联邦军队的队员在几天前停下来休息的时候，几个士兵发现了一个信封。里面有三支用一张纸包着的雪茄。抽烟的时候，一名士兵漫不经心地打开那张纸，发现了李将军军队的行军令。很明显，是运送人员在路上把信封弄丢了。行军令被送到麦克莱伦将军那里。结果，南部盟军在安蒂塔姆战役中失败了，这是联邦军的一个关键胜利，也是美国历史上最血腥的一天战斗。

附录D

备课清单

日常策略	
保持课堂节奏的平衡	我应该怎么做
对于我今天将要使用的管理任务,我是否有适当的例行程序	
我是否知道我今天将要使用的活动之间的转换,我是否有解决这些转换的计划	
我是否为提前完成作业的学生安排了活动	
在呈现新内容时,我将如何保持对速度过慢或过快的意识	
展现对所教授内容的专注和热情	我应该怎么做
我对今天讨论的内容的哪些方面特别感兴趣	
我将如何展示我的热情: · 分享个人故事 · 传递语言和非语言信号 · 重燃教学热情	
与学生建立积极的师生关系	我应该怎么做
我今天能做些什么来确保所有学生得到公平公正的对待: · 确保学生不被嘲笑或欺负 · 树立公平公正待遇的期望	
我如何在今天的课堂上表现出对学生的兴趣和热爱: · 表现出简单的礼节 · 使用身体接触和肢体动作 · 关注学生的需求和顾虑	
我如何收集积极的信息来建立与学生的关系: · 有组织地让学生分享兴趣和成就 · 与家长和监护人对话 · 与其他老师对话	

附录 D

给予行之有效的口头反馈	我应该怎么做
在今天的哪些活动中我可以给学生提供反馈	
在提供反馈时,我应该避免哪些语言	
在提供反馈时,我应该使用哪些语言	

机会策略	
带领学生将身体运动融入课堂	我应该怎么做
我今天该如何介绍身体运动	
什么技巧最适合今天的课程: · 提升精力的运动 · 进一步理解内容的运动 · 适合整个班级或学校的运动	
营造恰如其分的幽默课堂氛围	我应该怎么做
我能把幽默融入其中吗	
我可以使用什么策略: · 自嘲式幽默 · 有趣的标题或引语 · 电影片段或媒体 · 幽默的象征符号	
利用游戏激发学生的情境兴趣	我应该怎么做
是否可以通过游戏有效复习所学的内容	
哪些类型的游戏最适合此内容	
发起友好的争论,帮助学生深入课堂	我应该怎么做
我可以将友好的争论纳入任何讨论内容吗	
我将使用什么策略来发起友好的争论: · 课堂投票 · 辩论模式 · 市政厅会议模式 · 法律模式	

·立场分析	
提供让学生备感意外的有趣课外信息	我应该怎么做
我可以在任何指定的内容中使用有趣的课外信息吗	
我将如何使用有趣的课外信息：	
·介绍课程	
·让学生研究和收集有趣的事实	
·邀请嘉宾演讲	
采用回应率更高的方式进行提问	我应该怎么做
我应该问什么内容的问题	
我应该使用什么技巧来提高问题的有效性：	
·随机提问	
·两人一组回应	
·创造等待时间	
·构建回应链接	
·班级集体回答	
·个人同时回答	
将课堂内容与学生的生活相联系	我应该怎么做
我是否可以将与学生生活的比较纳入课堂中的任何内容	
我将使用哪些方式进行比较：	
·物理特征	
·发生过程	
·事件序列	
·因果关系	
·心理特征	
·名声	
·类比推理	
将所学知识与学生的人生抱负相联系	我应该怎么做
是否有特定的课程可以让我用来帮助学生规划他们的个人事业	
这个过程将持续多久	

我每周会花多少时间在这件事上	
鼓励学生应用所学知识解决复杂任务	我应该怎么做
正在处理的内容是否适合用真实应用程序处理实际问题	
使用内容是否存在可以解决或研究的问题	
使用这些内容是否可以做出决定或进行研究	
是否有一个假设可以通过内容进行测试或研究	
是否存在可以使用内容进行调查的问题	
我是否允许学生使用复杂的认知过程做出选择	
我可以为学生提供哪些报告格式的选择	
我应该如何在学习目标上提供选择	
我将如何在行为上提供选择	
助力学生追踪与研究学习进度	我应该怎么做
学生是否可以在任何指定的内容上随着时间的推移追踪他们的进度	
我将如何设计学生学习进度追踪量表	
我将如何帮助学生设定个人目标，并制定实现这些目标的策略	
我将如何设计学生努力程度量表	
引用体现自我效能感的范例	我应该怎么做
是否有特定的单元或课程可以引用体现自我效能感的范例	
在这些情况下我该如何使用故事	
在这些情况下我该如何使用引语	
教导学生有关自我效能感的知识	我应该怎么做
我是否可以通过已涵盖或将要涵盖的内容来教授和自我效能感有关的知识	
我将使用哪些资源来教授和自我效能感有关的知识	
我如何区分成长型思维和固定型思维	
我将如何帮助学生识别他们自己的自我思维模式	
我将如何就这两种观点保持积极的对话	

作者简介

罗伯特·J.马扎诺博士

　　美国教育界专家，马扎诺研究中心联合创始人兼首席执行官，著名演讲者、培训师和作家。在他四十多年的教育生涯中，著有30多本书和150多篇文章，涉及教学、评估、写作、认知、高效领导和学校干预等主题。他将最新的研究和理论转化为课堂实践，在国际上广为人知，并被教师和管理人员广泛应用。

黛布拉·皮克林博士

　　马扎诺研究中心高级学者，致力于为众多学校和地区提供教育咨询。作为一名课堂教师、教育界领袖和学区行政管理人员，皮克林博士在其整个教育生涯中获得了丰富的实践经验。多年来，她一直利用这一经验为教师和管理者提供培训和支持，帮助他们努力提高学生的学习水平。除了在学校工作之外，皮克林博士还与罗伯特·J.马扎诺博士合著了很多教育书籍和手册。皮克林博士结合理论基础和三十多年的实践经验，与教育工作者共同努力，将理论转化为实践。

塔米·赫夫尔鲍尔博士

　　马扎诺研究中心副总裁，同时也是一名教育顾问。赫夫尔鲍尔博士曾担任过课堂教师、学校领导、学区领导、区域专业发展主任和国家级培训师。她还曾在几所大学担任课程、教学和评估课程的副教授。赫夫尔鲍尔博士在密苏里州堪萨斯城开始了她的教学生涯，后来搬到内布拉斯加州，在那里获得了地区杰出教师奖。她还曾担任内布拉斯加州国家资源和培训中心的国家级教育培训师。

马扎诺研究中心简介

马扎诺研究中心将马扎诺博士四十多年的教育研究，与学校所有主要领域的持续行动研究相结合，以提供始终处于最佳实践前沿的有效教学策略、领导策略和课堂评估策略。该机构提供从研究到实践的众多教学资源和工具，对学生成绩产生着即时和深远的影响。